インドネシア語スピーキング

ホラス由美子

Menyimak dan Berbicara

SANSHUSHA

はじめに

　「インドネシア語で完璧に自分の思いを表現しきれなかったけれど，相手は私が言いたいことを理解してくれました」，と嬉しい体験を語るインドネシア語学習者に出会うことがあります。一方で，「相手が言っていることは何となく理解できるのですが，自分が言いたいこと，特にポイントを簡単な言い回しで言えないもどかしさを感じます」という声も耳にします。

　旅でも，生活でも，その土地の言葉が理解できることにより，行動範囲も広がり，発見や楽しさが増すことは言うまでもありません。

　本書では，旅行や長期滞在で遭遇するであろう場面を想定し，会話練習ができるように全体を構成しました。リスニングとスピーキングの力を養うことができるように，ある場面では相手の話や質問に自分が答える状況を，また，ある場面では自分から話題提供する場面を設定しました。会話練習は一人ではやりにくいものですが，本書では場面をイメージしたイラストを用い，場面を容易にイメージできるように工夫をしました。

　インドネシア語は比較的文法がシンプルですので，学習歴が浅い時期から簡単なフレーズでの会話ができるようになります。「完璧でなければ」というこだわりから少し離れて，勇気を出して話してみるチャレンジ精神は，インドネシア語の会話力を向上させる大きな力となります。

　そんなチャレンジ精神の後押しができる一冊として本書をまとめました。

　勇気を出して話し，インドネシア語が通じる喜びを感じるインドネシア語学習の旅に出発！

　最後に本書の執筆にあたり，インドネシア共和国バリ島にあるUniversitas UdayanaのBIPA（外国人向けインドネシア語コース）において，長年日本をはじめ多くの国からの語学留学生の指導にあたっていらっしゃる先生方より貴重なアドバイスをいただき，特にI Nengah Sukartha先生にはご多忙中にも関わらず，特別のご指導をいただき本書を完成させることができましたことを，ここに記し深く御礼申し上げます。

　Dalam Harapan, Cinta, Damai dan Doa

桜の花が美しい季節に
著　者

　本書は『ドイツ語スピーキング』（三宅恭子，ミヒャエラ・コッホ共著）のコンセプトをもとに執筆しています。三宅恭子氏，ミヒャエラ・コッホ氏に感謝の意を表します。

DAFTAR ISI

本書の構成と使い方　6
あいさつ表現　12

Bab 1　Berangkat dengan Pesawat Terbang　飛行機で出発する‥13

1　Naik Pesawat Terbang　ボーディング 14
2　Di dalam Pesawat Terbang　機内で 20
3　Berbelanja di dalam Pesawat Terbang　機内で買い物をする 26
　文法　数の数え方　分数と小数　演算記号　基本的な疑問詞　位置を表す単語・32

Bab 2　Mendarat di Indonesia　インドネシアに上陸する 35

1　Mendapatkan VISA ON ARRIVAL　到着ビザを取得する 36
2　Imigrasi　入管 42
3　Kehilangan Kopor　スーツケース紛失 48
4　Pabean　税関 54
　文法　人称代名詞　語根動詞　時制を表す助動詞　場所を表す前置詞 60

Bab 3　Menginap di Hotel　ホテルに泊まる 63

1　Memesan Hotel di Bandar Udara　空港でホテルを予約する 64
2　Tiba di Hotel　ホテルに到着する 70
3　*Laundry* (Penatu)　クリーニング 76
4　Mengikuti Tur Domestik　現地ツアーに参加する 82
　文法　ber-動詞　手段，方法を表す前置詞　希望，可能，許可，
　　　　　義務などを表す助動詞　時刻の表現　時間の長さ 88

Bab 4　Telepon　電話 91

1　Menelepon Kenalan untuk Janji Bertemu
　　会う約束をするため知人に電話をかける 92
2　Mencari Tiket Penerbangan yang Murah　安い航空券を探す 98
3　Memesan Masakan Via Telepon　電話で料理を注文する 104
4　Menelepon Kantor Polisi　警察署に電話をかける 110
　文法　me-動詞　命令文 116

Bab 5　Persiapan untuk Kehidupan di Bali　バリでの生活の準備・119

1　Menyewa Kendaraan　乗り物をレンタルする・・・・・・・・・・・・・・・・・・・120
2　Mencari Kost　住居を探す・・・・・・・・・・・・・・・・・・・・・・・・・・・・・・・・・・126
3　Membeli Perabot Rumah　家具を買う・・・・・・・・・・・・・・・・・・・・・・・132
　文法　基本的な形容詞　色の名前　味に関する形容詞　感情を表す形容詞
　　　　程度の表現　同等，比較，最上級の表現・・・・・・・・・・・・・・・・・・・138

Bab 6　Kehidupan Sehari-hari 1　日常生活①・・・・・・・・・・・・・・・・・・・・141

1　Perkenalan　出会い・・・・・・・・・・・・・・・・・・・・・・・・・・・・・・・・・・・・・・142
2　Mengirim Surat　手紙を送る・・・・・・・・・・・・・・・・・・・・・・・・・・・・・・148
3　Mengunjungi Sebuah Museum　博物館を訪問する・・・・・・・・・・・154
　文法　受動態　関係詞 yang・・・・・・・・・・・・・・・・・・・・・・・・・・・・・・・・・160

Bab 7　Kegiatan Sehari-hari 2　日常生活②・・・・・・・・・・・・・・・・・・・・・163

1　Menonton Film di Gedung Bioskop　映画館で映画を観る・・・・・・164
2　Melihat Kerajinan Tangan　手工芸品を見る・・・・・・・・・・・・・・・・・170
　文法　ter- 動詞　me-kan 動詞・・・・・・・・・・・・・・・・・・・・・・・・・・・・・・176

Bab 8　Peristiwa Sehari-hari　日々の出来事・・・・・・・・・・・・・・・・・・・・179

1　Terlambat Masuk Kuliah　講義に遅刻する・・・・・・・・・・・・・・・・・・180
2　Ketinggalan SIM　運転免許証をうっかり置き忘れる・・・・・・・・・・・186
3　Berlibur di Luar Kota　郊外で休暇を過ごす・・・・・・・・・・・・・・・・・・192
　文法　ke-an 動詞　動詞以外の派生語を作る接頭辞 ke- と接尾辞 -an
　　　　他動詞を作る接頭辞 memper-，接頭辞 memper- と接尾辞 -kan，または -i
　　　　名詞を作る接尾辞 -an　名詞を作る接頭辞 pe-
　　　　抽象名詞を作る接頭辞 per- と接尾辞 -an
　　　　抽象名詞を作る接頭辞 pe- と接尾辞 -an・・・・・・・・・・・・・・・・・・198

付録　204
　季節　気象　曜日名　月名　日付　日数，時間数　身体　指の部位　医療

本書の構成と使い方

　本書は 8 つの章に分かれています。各章はインドネシアを旅行したり，滞在したりする際に遭遇するさまざまな場面をテーマにして構成されており，各章はさらに 2 ～ 4 の場面に分かれています。

Bab 1　Berangkat dengan Pesawat Terbang　飛行機で出発する
Bab 2　Mendarat di Indonesia　インドネシアに上陸する
Bab 3　Menginap di Hotel　ホテルに泊まる
　　　　　　　1　Memesan Hotel di Bandar Udara　空港でホテルを予約する
　　　　　　　2　Tiba di Hotel　ホテルに到着する
　　　　　　　3　*Laundry* (Penatu)　クリーニング
　　　　　　　4　Mengikuti Tur Domestik　現地ツアーに参加する
Bab 4　Telepon　電話
Bab 5　Persiapan untuk Kehidupan di Bali　バリでの生活の準備
Bab 6　Kehidupan Sehari-hari 1　日常生活①
Bab 7　Kegiatan Sehari-hari 2　日常生活②
Bab 8　Peristiwa Sehari-hari　日々の出来事

　各場面の会話は使用頻度の高いフレーズや文で構成してあります。全場面の会話はイラスト表示されており，イラストを見ることにより，情景をイメージしながら学習できるよう工夫しました。各場面は Tahap Pertama と Tahap Kedua，日本語訳＆情報コーナーの 3 つの部分から構成されています。

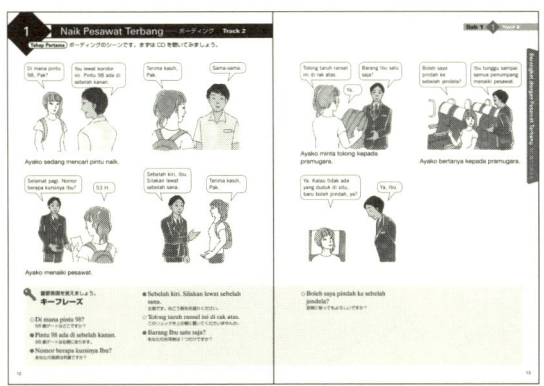

Tahap Pertama にはイラストと全テキストが記載されています。テキストを見ながら会話の流れを理解するとともに，CDを繰り返し聴き，シャドーイング※を行うことにより，スピーキングの練習も出来るようになっています。特に重要なフレーズや文は「キーセンテンス」のコーナーを見ながら重点的に学習できるようにしました。内容の確認は，各場面の5ページ目にある日本語訳を参照してください。

シャドーイングとは？

　シャドーイングとは，聴こえてくる音声をほぼ同時に口頭で繰り返す練習法です。シャドーイングとはshadowingで，影＝shadowのように音声を追いかけるという意味です。聴こえてくる音声をそっくりそのまま真似をするよう心がけましょう。そっくりそのまま真似をすることによって，ネイティブの音声のリズムやイントネーション，区切りやポーズの置き方も学習します。だいたい0.5秒くらいあとを追う感じで行ってください。まずは文章を見ながら，シャドーイングを行います。言いにくい部分やつっかえてしまう部分は繰り返し練習し，CDと同じスピードで音読できるようにしましょう。次に文章を見ないでシャドーイングを行います。CDの音声を完璧にシャドーイングできるようになるまで何度も繰り返し練習しましょう。

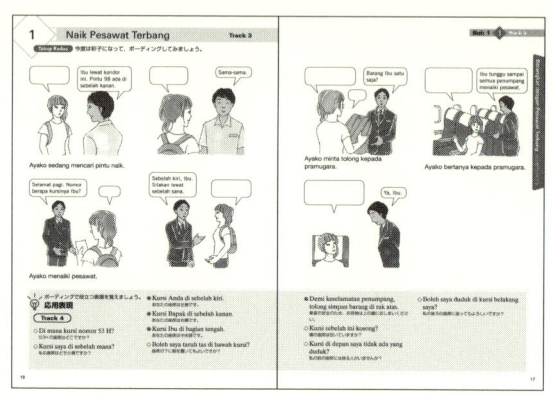

Tahap Kedua は **Tahap Pertama** とまったく同じ場面・会話・イラストですが、主人公の台詞が空欄になっています。CDの方も主人公の台詞はポーズになっているので、役になりきって、実際の旅の場面をイメージしながらスピーキングの練習をすることが可能です。自宅だけでなく、車や電車の中でもCDを聴いて、繰り返し練習をするとよいでしょう。テキストで使用した表現以外にも各場面で使用されることが多いフレーズや文については「応用表現」のコーナーで学習できるようにしました。

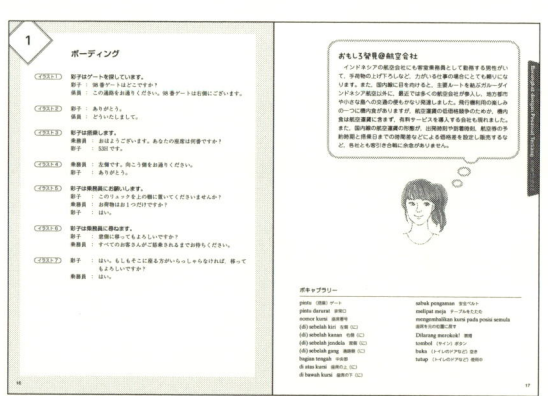

　5ページ目には、日本語訳を掲載してあります。確認用に利用してください。
　6ページ目には、各場面の背景知識として役立つ情報を「おもしろ発見@」にまとめてあります。インドネシアの文化や習慣に関する知識は、会話の内容理解につながります。各場面に必要な単語は「ボキャブラリー」としてまとめてあるので、語彙力の強化に活用してください。

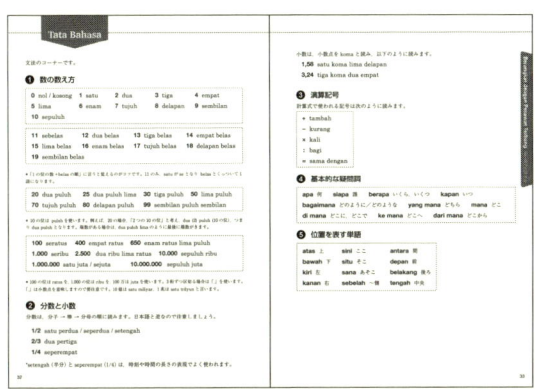

　また，各章の終わりには，その章で学習した文法事項についてわかりやすくまとめてあります。その他，特に重要であると思われる単語を「イラスト単語」としてイラスト表示しました。

　CDはネイティブスピーカーが吹き込みを行いました。発音やイントネーションをできるだけ忠実に再現できるようになるまで練習をしてください。

使い方例

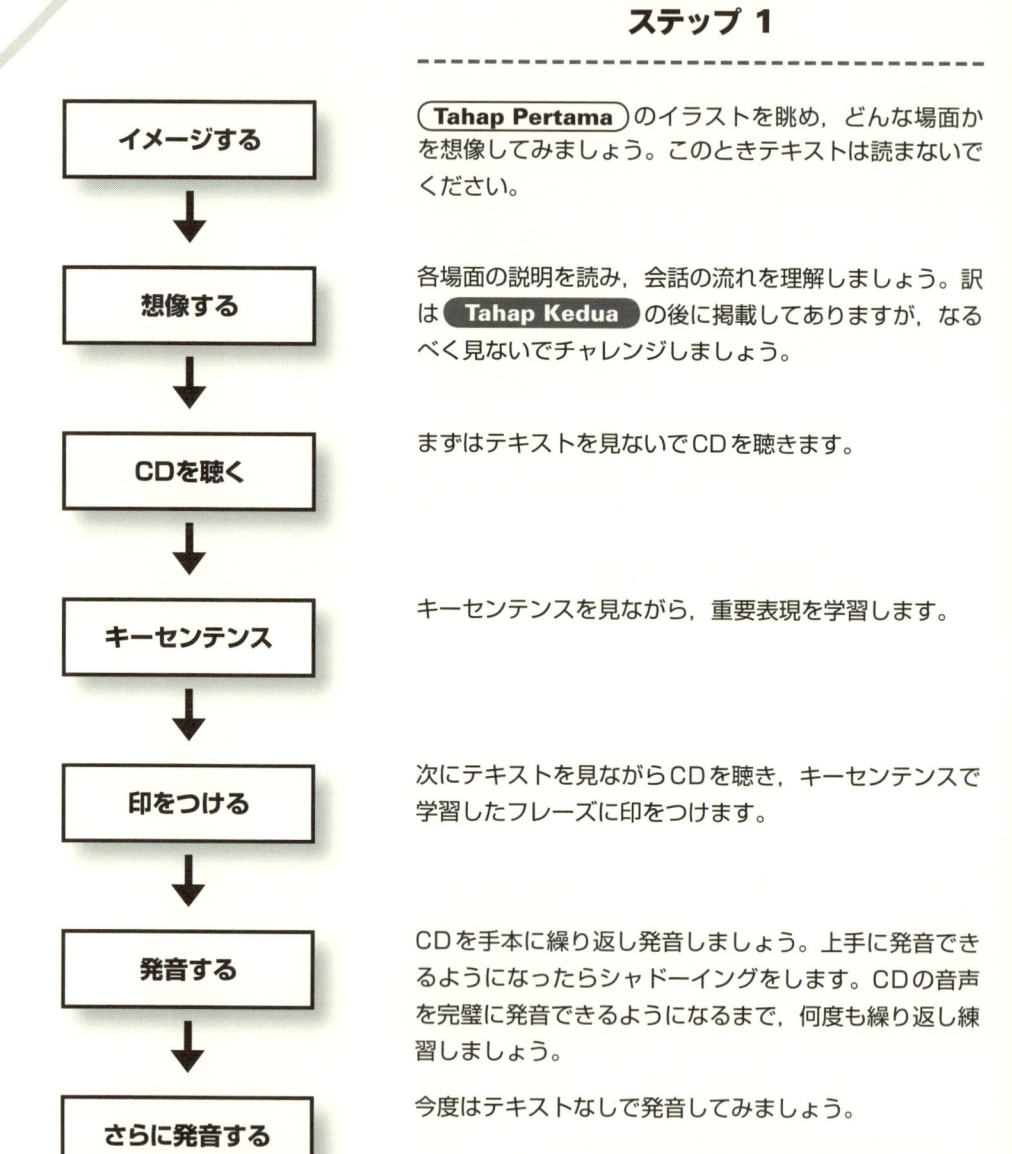

ステップ 1

```
┌──────────┐
│ イメージする │
└──────────┘
      ↓
┌──────────┐
│  想像する  │
└──────────┘
      ↓
┌──────────┐
│  CDを聴く  │
└──────────┘
      ↓
┌──────────┐
│ キーセンテンス │
└──────────┘
      ↓
┌──────────┐
│  印をつける │
└──────────┘
      ↓
┌──────────┐
│  発音する  │
└──────────┘
      ↓
┌──────────┐
│ さらに発音する │
└──────────┘
```

(Tahap Pertama)のイラストを眺め，どんな場面かを想像してみましょう。このときテキストは読まないでください。

各場面の説明を読み，会話の流れを理解しましょう。訳は Tahap Kedua の後に掲載してありますが，なるべく見ないでチャレンジしましょう。

まずはテキストを見ないでCDを聴きます。

キーセンテンスを見ながら，重要表現を学習します。

次にテキストを見ながらCDを聴き，キーセンテンスで学習したフレーズに印をつけます。

CDを手本に繰り返し発音しましょう。上手に発音できるようになったらシャドーイングをします。CDの音声を完璧に発音できるようになるまで，何度も繰り返し練習しましょう。

今度はテキストなしで発音してみましょう。

ステップ 2

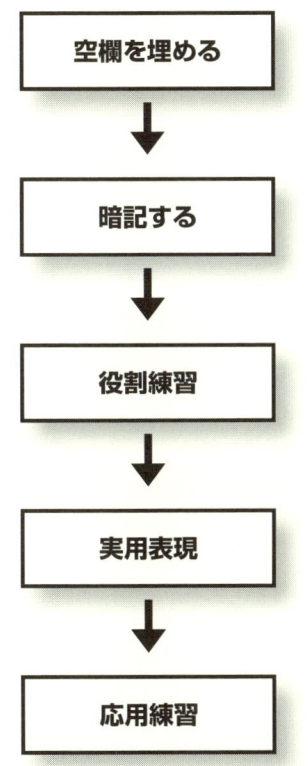

CDを聴きながら，空欄になっている箇所（彩子の台詞）を書き込んでみましょう。

彩子や友人たちの台詞を暗記しましょう。

彩子や友人たちになったつもりで，CDを聴きながら発話してみましょう。テキストで空欄の箇所はCDでもポーズになっています。

応用表現を覚えて，表現の幅を広げましょう。

CDを聴きながら，空欄の箇所を応用表現やボキャブラリーと入れ替えて練習しましょう。それに慣れたら，今度は自分のオリジナルの文章を作ってスピーキングしてみましょう。

あいさつ表現　Track 1

初めに日常よく使われるあいさつを練習しましょう。

Selamat pagi.	おはようございます。
Selamat siang.	こんにちは。（10時頃から15時頃まで）
Selamat sore.	こんにちは。（15時頃から18時頃まで）
Selamat malam.	こんばんは。
Selamat tidur.	おやすみなさい。

Sampai jumpa.	またね。
Sampai besok.	また明日。
Daaa.	バイバイ。
Terima kasih banyak.	どうもありがとうございます。
Sama-sama.	どういたしまして。

Silakan.	どうぞ。
Selamat makan.	どうぞ召し上がれ。
Mari kita makan!	さあいただきましょう（食べましょう）。
Mari kita minum!	さあ飲みましょう。

Minta maaf.	ごめんなさい。
Tidak apa-apa.	大丈夫です。構いません。
Tunggu sebentar.	少々お待ちください。

Apa kabar?	お元気ですか？
Baik-baik saja, terima kasih.	元気です。ありがとう。
Bagaimana kabarnya?	調子はいかがですか？

Selamat hari ulang tahun!	誕生日おめでとう。
Selamat tahun baru!	新年おめでとうございます。
Selamat hari raya Idul Fitri!	断食明けの祭日おめでとうございます。
Selamat hari Natal!	クリスマスおめでとうございます。

Bab 1

Track 2-10

Berangkat dengan Pesawat Terbang 飛行機で出発する

1. **Naik Pesawat Terbang** ボーディング
2. **Di dalam Pesawat Terbang** 機内で
3. **Berbelanja di dalam Pesawat Terbang** 機内で買い物をする

1 ▶ Naik Pesawat Terbang ...... ボーディング   Track 2

Tahap Pertama ボーディングのシーンです。まずは CD を聴いてみましょう。

- Di mana pintu 98, Pak?
- Ibu lewat koridor ini. Pintu 98 ada di sebelah kanan.

- Terima kasih, Pak.
- Sama-sama.

Ayako sedang mencari pintu naik.

- Selamat pagi. Nomor berapa kursinya Ibu?
- 53 H.

- Sebelah kiri, Ibu. Silakan lewat sebelah sana.
- Terima kasih, Pak.

Ayako menaiki pesawat.

重要表現を覚えましょう。
キーフレーズ

◇ **Di mana pintu 98?**
   98番ゲートはどこですか？

● **Pintu 98 ada di sebelah kanan.**
   98番ゲートは右側にあります。

● **Nomor berapa kursinya Ibu?**
   あなたの座席は何番ですか？

● **Sebelah kiri. Silakan lewat sebelah sana.**
   左側です。向こう側をお通りください。

◇ **Tolong taruh ransel ini di rak atas.**
   このリュックを上の棚に置いてくださいませんか。

● **Barang Ibu satu saja?**
   あなたのお荷物は1つだけですか？

Bab 1 **1** **Track 2**

Ayako minta tolong kepada pramugara.

Ayako bertanya kepada pramugara.

◇ Boleh saya pindah ke sebelah jendela?
　窓側に移ってもよろしいですか？

1　Naik Pesawat Terbang

Track 3

Tahap Kedua　今度は彩子になって、ボーディングしてみましょう。

Ayako sedang mencari pintu naik.

Ayako menaiki pesawat.

ボーディングで役立つ表現を覚えましょう。
応用表現

Track 4

◇ Di mana kursi nomor 53 H?
　53Hの座席はどこですか？

◇ Kursi saya di sebelah mana?
　私の座席はどちら側ですか？

● Kursi Anda di sebelah kiri.
　あなたの座席は左側です。

● Kursi Bapak di sebelah kanan.
　あなたの座席は右側です。

● Kursi Ibu di bagian tengah.
　あなたの座席は中央部です。

◇ Boleh saya taruh tas di bawah kursi?
　座席の下に鞄を置いてもよいですか？

Ayako minta tolong kepada pramugara.

Ayako bertanya kepada pramugara.

- Demi keselamatan penumpang, tolong simpan barang di rak atas.
  乗客の安全のため、お荷物は上の棚におしまいください。

◇ Kursi sebelah ini kosong?
  横の座席は空いていますか？

◇ Kursi di depan saya tidak ada yang duduk?
  私の前の座席には座る人がいませんか？

◇ Boleh saya duduk di kursi belakang saya?
  私の後ろの座席に座ってもよろしいですか？

1

ボーディング

- イラスト1

    彩子はゲートを探しています。
    彩子　：　98番ゲートはどこですか？
    係員　：　この通路をお通りください。98番ゲートは右側にございます。

- イラスト2

    彩子　：　ありがとう。
    係員　：　どういたしまして。

- イラスト3

    彩子は搭乗します。
    乗務員　：　おはようございます。あなたの座席は何番ですか？
    彩子　　：　53Hです。

- イラスト4

    乗務員　：　左側です。向こう側をお通りください。
    彩子　　：　ありがとう。

- イラスト5

    彩子は乗務員にお願いします。
    彩子　　：　このリュックを上の棚に置いてくださいませんか？
    乗務員　：　お荷物はお1つだけですか？
    彩子　　：　はい。

- イラスト6

    彩子は乗務員に尋ねます。
    彩子　　：　窓側に移ってもよろしいですか？
    乗務員　：　すべてのお客さんがご搭乗されるまでお待ちください。

- イラスト7

    彩子　　：　はい。もしもそこに座る方がいらっしゃらなければ，移ってもよろしいですか？
    乗務員　：　はい。

おもしろ発見＠航空会社

　インドネシアの航空会社にも客室乗務員として勤務する男性がいて，手荷物の上げ下ろしなど，力がいる仕事の場合にとても頼りになります。また，国内線に目を向けると，主要ルートを結ぶガルーダインドネシア航空以外に，最近では多くの航空会社が参入し，地方都市や小さな島への交通の便もかなり発達しました。飛行機利用の楽しみの一つに機内食がありますが，航空運賃の低価格競争のためか，機内食は航空運賃に含まず，有料サービスを導入する会社も現れました。また，国内線の航空運賃の形態が，出発時刻や到着時刻，航空券の予約時期と搭乗日までの時間差などによる価格差を設定し販売するなど，各社とも客引き合戦に余念がありません。

ボキャブラリー

pintu 　（搭乗）ゲート
pintu darurat 　非常口
nomor kursi 　座席番号
(di) sebelah kiri 　左側（に）
(di) sebelah kanan 　右側（に）
(di) sebelah jendela 　窓側（に）
(di) sebelah gang 　通路側（に）
bagian tengah 　中央部
di atas kursi 　座席の上（に）
di bawah kursi 　座席の下（に）

sabuk pengaman 　安全ベルト
melipat meja 　テーブルをたたむ
mengembalikan kursi pada posisi semula 　座席を元の位置に戻す
Dilarang merokok! 　禁煙
tombol 　（サイン）ボタン
buka 　（トイレのドアなど）空き
tutup 　（トイレのドアなど）使用中

2 Di dalam Pesawat Terbang …… 機内で　　Track 5

Tahap Pertama 飛行中のシーンです。まずは CD を聴いてみましょう。

Ayako ditawari minuman di dalam pesawat terbang.

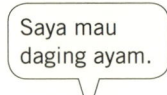

Pramugari menanyakan selera Ayako.

重要表現を覚えましょう。
キーフレーズ

- Mau minum apa?
  何をお飲みになりますか？
- ◇ Ada Coca-Cola?
  コーラ，ありますか？
- Ibu mau ikan atau daging ayam?
  魚あるいはチキンのどちらがよろしいですか？
- ◇ Saya mau daging ayam.
  チキンがいいです。
- Minum teh atau kopi?
  お茶かコーヒーをお飲みになりますか？
- ◇ Minta kopi.
  コーヒーをください。
- Pakai gula dan krim?
  砂糖とクリームはお使いですか？

Setelah makan, Ayako ditawari teh dan kopi.

 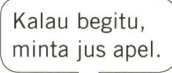 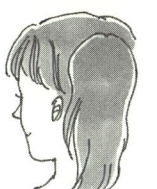

  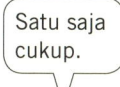 

◇ **Satu saja cukup.**
　1つで十分です。

2 Di dalam Pesawat Terbang

Track 6

Tahap Kedua 今度は彩子になって，機内の様子を体験してみましょう。

Ayako ditawari minuman di dalam pesawat terbang.

Pramugari menanyakan selera Ayako.

機内食サービスで役立つ表現を覚えましょう。
応用表現

Track 7

◇ Minta air jeruk dan Coca-Cola.
オレンジジュースとコカコーラをください。

◇ Minta Sprite, tetapi tidak pakai es.
氷を入れないでスプライトをください。

● Maaf, ikan sudah habis.
申し訳ございません，魚は終わってしまいました。

◇ Minta air minum. Saya mau minum obat.
飲み水をください。薬を飲みたいです。

◇ Tolong ganti dengan yang baru. Ada sesuatu di atas nasi.
新しいのと換えてください。ご飯の上に何かがついています。

Bab 1 **2** **Track 6**

Setelah makan, Ayako ditawari teh dan kopi.

◇ Boleh minta tiga bungkus gula?
砂糖３包いただいてもいいですか？

2 機内で

- **イラスト1** 彩子は機内で飲み物を勧められます。
  乗務員 ： 何をお飲みになりますか？
  彩子　 ： コカ・コーラ，ありますか？

- **イラスト2** 乗務員 ： はい，ございます。どうぞ。
  彩子　 ： ありがとう。

- **イラスト3** 乗務員は彩子の好みを尋ねます。
  乗務員 ： 魚あるいはチキンのどちらがよろしいですか？
  彩子　 ： チキンがいいです。

- **イラスト4** 乗務員 ： お飲み物は？
  彩子　 ： コーヒーをください。

- **イラスト5** 乗務員 ： コーヒーはお食事の後で。
  彩子　 ： それではリンゴジュースをください。

- **イラスト6** 彩子は紅茶とコーヒーを勧められます。
  乗務員 ： 紅茶かコーヒーをお飲みになりますか？
  彩子　 ： コーヒーをください。

- **イラスト7** 乗務員 ： 砂糖とクリームはお使いでしょうか？
  彩子　 ： 砂糖だけ。

- **イラスト8** 乗務員 ： 砂糖はお1つ，それともお2つ？
  彩子　 ： 1つで十分です。

おもしろ発見＠機内食サービス

　機内食は2種類のメインディッシュから選択というパターンが多く，肉か魚か，また肉は鶏肉料理が中心のようです。鶏肉は宗教に関係なくほとんどの人が食べることができるからでしょうか。ところで，インドネシアの紅茶やコーヒーはかなりの甘さです。機内では自分で砂糖の量を加減できますが，砂糖を2〜3包渡されることがあります。あの小さなカップに渡された砂糖を全部入れたら溶けるのかな？と考えたりもします。また，インドネシアの国内線では，一般的にアルコールを含有する飲み物の機内サービスはしていないようです。

ボキャブラリー

anggur merah	赤ワイン	kacang tanah	ピーナッツ
anggur putih	白ワイン	gula	砂糖
bir	ビール	es / es batu	氷
air hangat	ぬるま湯	es krem	アイスクリーム
air dingin	冷水	gelas	コップ
air minum	飲料水	serbet	ナプキン
roti	パン	handuk	タオル
nasi	ライス	sendok	スプーン
mie	麺	sendok teh	ティースプーン
daging sapi	牛肉	garpu	フォーク
daging ayam	鶏肉	pisau	ナイフ
ikan	魚	sedotan	ストロー

3 Berbelanja di dalam Pesawat Terbang …… 機内で買い物をする　**Track 8**

Tahap Pertama 機内免税品サービスを利用するシーンです。まずは CD を聴きましょう。

Ayako berminat sebuah syal batik.

Ayako ingin melihat motif lain.

重要表現を覚えましょう。
キーフレーズ

◇ Saya berminat syal batik ini.
　私はこのバティック（更紗）のスカーフに興味があります。

◇ Bisa saya lihat?
　見られますか？

◇ Motifnya hanya satu macam?
　柄は１種類だけですか？

◇ Boleh saya lihat semuanya?
　全部見られますか？

◇ Sayang sekali.
　とても残念です。

◇ Harga dan ukurannya sama semua?
　値段とサイズはみんな同じですか？

26

Bab 1 — 3 — Track 8

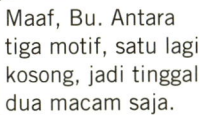
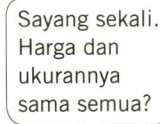

Ayako bertanya kepada pramugari tentang harga dan ukuran syal batik.

Ayako ingin membayar dengan Yen.

◇ Berapa ini?
　これはいくらですか？

◇ Bisa bayar dengan Yen?
　円で支払えますか？

3 Berbelanja di dalam Pesawat Terbang Track 9

Tahap Kedua 今度は彩子になって，機内免税品サービスを利用してみましょう。

Ayako berminat sebuah syal batik.

Ayako ingin melihat motif lain.

 機内免税品購入に役立つ表現を覚えましょう。

応用表現

Track 10

◇ Satu kotak isinya berapa?
1箱何個入りですか？

◇ Bahannya apa?
素材は何ですか？

◇ Batas bebas pajaknya sampai berapa banyak?
免税範囲はいくらまでですか？

◇ Saya bayar dengan Rupiah, tetapi minta kembaliannya dengan Yen.
ルピアで支払いますが，おつりは円でください。

◇ Bisa pakai kartu kredit?
クレジットカードは使えますか？

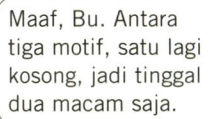

Ayako bertanya kepada pramugari tentang harga dan ukuran syal batik.

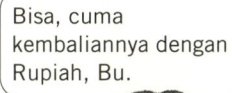

Ayako ingin membayar dengan Yen.

◇ Berapa nilai tukar Yen hari ini dengan Rupiah?
今日の円とルピアの両替レートはいくらですか？

3 機内で買い物をする

(イラスト1)　彩子は１枚のバティックのスカーフに興味があります。
　　　　　　彩子　　：　このバティックのスカーフに興味があります。
　　　　　　乗務員　：　ご覧になられますか？

(イラスト2)　彩子　　：　見られますか？
　　　　　　乗務員　：　お待ちください。後ろから取って参ります。

(イラスト3)　彩子は他の柄を見たいです。
　　　　　　彩子　　：　柄は１種類だけですか？
　　　　　　乗務員　：　いいえ。他にあと２種類ございます。

(イラスト4)　彩子　　：　全部見られますか？

(イラスト5)　彩子はバティックのスカーフの値段とサイズについて乗務員に尋ねます。
　　　　　　乗務員　：　すみません。３つの柄のうち，１つは欠品中で，残り２種類だけでございます。
　　　　　　彩子　　：　とても残念だわ。値段とサイズはみんな同じですか？

(イラスト6)　乗務員　：　はい，同じでございます。

(イラスト7)　彩子は代金を円で支払いたいです。
　　　　　　彩子　　：　これはいくらですか？
　　　　　　乗務員　：　85ドルでございます。

(イラスト8)　彩子　　：　円で支払いができますか？
　　　　　　乗務員　：　できますが，ただおつりはルピアになります。

おもしろ発見＠免税品ショップ

　以前，海外旅行のお土産の定番といえば，チョコレートやお酒類だったでしょうか。今や日本国内でも低価格でお酒を買うことができ，また豊富な品揃えで輸入品を扱う店が増え，免税品ショップで買わなくても，手頃な価格で買い物ができるようになりました。こうなると免税品ショップで何を買うか？　目新しい商品を探すのは案外難しいかもしれません。ジャカルタやバリの免税品ショップでは，インドネシア料理のインスタント香辛料やインドネシアの有名ブランドの化粧品などが売られていますが，街のスーパーよりはるかに高額です。お土産は，観光中に街で買い集めるのがいちばんです。

ボキャブラリー

barang bebas pajak　免税品	weker　目覚まし時計
rokok　たばこ	mainan anak　子供用玩具
wiski　ウイスキー	bolpoin　ボールペン
cokelat　チョコレート	pulpen　万年筆
lipstik　口紅	syal　ショール
bedak　ファンデーション	nilai tukar　両替レート
parfum / minyak wangi　香水	Rupiah　ルピア
arloji / jam tangan　腕時計	dolar Amerika　アメリカドル

Tata Bahasa

文法のコーナーです。

❶ 数の数え方

0 nol / kosong	1 satu	2 dua	3 tiga	4 empat
5 lima	6 enam	7 tujuh	8 delapan	9 sembilan
10 sepuluh				

11 sebelas	12 dua belas	13 tiga belas	14 empat belas
15 lima belas	16 enam belas	17 tujuh belas	18 delapan belas
19 sembilan belas			

＊「1の位の数＋belasの順」に言うと覚えるのがコツです。11のみ，satuがseとなりbelasとくっついて1語になります。

20 dua puluh	25 dua puluh lima	30 tiga puluh	50 lima puluh
70 tujuh puluh	80 delapan puluh	99 sembilan puluh sembilan	

＊10の位は puluh を使います。例えば，20の場合，「2つの10の位」と考え，dua (2) puluh (10の位)，つまり dua puluh となります。端数がある場合は，dua puluh lima のように最後に端数がきます。

100 seratus	400 empat ratus	650 enam ratus lima puluh
1.000 seribu	2.500 dua ribu lima ratus	10.000 sepuluh ribu
1.000.000 satu juta / sejuta	10.000.000 sepuluh juta	

＊100の位は ratus を，1.000の位は ribu を，100万は juta を使います。3桁ずつ区切る場合は「.」を使います。「,」は小数点を意味しますので要注意です。10億は satu miliyar，1兆は satu trilyun と言います。

❷ 分数と小数

分数は，分子→棒→分母の順に読みます。日本語と逆なので注意しましょう。

- 1/2 satu perdua / seperdua / setengah
- 2/3 dua pertiga
- 1/4 seperempat

＊setengah（半分）と seperempat (1/4) は，時刻や時間の長さの表現でよく使われます。

小数は，小数点を koma と読み，以下のように読みます。

1,58 satu koma lima delapan
3,24 tiga koma dua empat

❸ 演算記号

計算式で使われる記号は次のように読みます。

＋	tambah
−	kurang
×	kali
：	bagi
＝	sama dengan

❹ 基本的な疑問詞

apa 何	**siapa** 誰	**berapa** いくら，いくつ	**kapan** いつ
bagaimana どのように／どのような		**yang mana** どちら	**mana** どこ
di mana どこに，どこで		**ke mana** どこへ	**dari mana** どこから

❺ 位置を表す単語

atas 上	**sini** ここ	**antara** 間
bawah 下	**situ** そこ	**depan** 前
kiri 左	**sana** あそこ	**belakang** 後ろ
kanan 右	**sebelah** 〜側	**tengah** 中央

イラスト辞書

Tempat pengurusan visa
Visa on arrival
落地签证
تأشيرة عند الوصول
入国ビザ

Bab 2

Track 11-22

Mendarat di Indonesia
インドネシアに上陸する

1	Mendapatkan VISA ON ARRIVAL	到着ビザを取得する
2	Imigrasi	入管
3	Kehilangan Kopor	スーツケース紛失
4	Pabean	税関

1. Mendapatkan VISA ON ARRIVAL …… 到着ビザを取得する **Track 11**

Tahap Pertama 空港で到着ビザ取得のシーンです。まずは CD を聴いてみましょう。

- Di mana saya bisa mendapatkan VISA ON ARRIVAL, Pak?
- Di loket itu, Bu.
- Terima kasih, Pak.
- Kembali.

Ayako mencari loket untuk mendapatkan VISA ON ARRIVAL.

- Selamat sore.
- Selamat sore. Saya mau mengambil VISA ON ARRIVAL.
- $25 per pax, dan masa berlakunya selama tiga puluh hari.
- Baik.

Ayako menuju loket VISA ON ARRIVAL.

重要表現を覚えましょう。
キーフレーズ

◇ **Di mana saya bisa mendapatkan VISA ON ARRIVAL, Pak?**
到着ビザはどこで取得できますか？

◇ **Saya mau mengambil VISA ON ARRIVAL.**
到着ビザを取りたいのですが。

● **Ibu punya uang pas?**
ちょうどのお金をお持ちですか？

◇ **Tidak punya.**
持っていません。

◇ **Sesudah ini saya harus ke mana?**
この後どこへ行くべきでしょうか？

● **Ibu mengantre di loket imigrasi di samping loket ini.**
この窓口の横の入管窓口に並んでください。

Bab 2 — **1** — Track 11

- Ibu punya uang pas?
- Tidak punya.
- Ini kembaliannya $5 dan kuitansinya.

Ayako tidak mempunyai uang pas.

- Sesudah ini saya harus ke mana?
- Ibu mengantre di loket imigrasi di samping loket ini.

Ayako dianjurkan untuk mencari antrean yang pendek.

- Terima kasih. Wah, ada banyak yang tunggu.
- Ibu pilih antrean yang pendek saja.

Mendarat di Indonesia インドネシアに上陸する

1 Mendapatkan VISA ON ARRIVAL Track 12

Tahap Kedua 今度は彩子になって、到着ビザを取得してみましょう。

> Di loket itu, Bu.

> Kembali.

Ayako mencari loket untuk mendapatkan VISA ON ARRIVAL.

> Selamat sore.

> $25 per pax, dan masa berlakunya selama tiga puluh hari.

Ayako menuju loket VISA ON ARRIVAL.

到着ビザ取得で役立つ表現を覚えましょう。
応用表現

Track 13

◇ Saya mengantre di mana?
　どこに並ぶのですか？

◇ Berapa hari masa berlaku VISA ini?
　このビザの有効期間は何日間ですか？

◇ Apakah VISA ON ARRIVAL ini dapat diperpanjang?
　この到着ビザは延長できますか？

◇ Di mana saya dapat memperpanjang VISA ON ARRIVAL?
　どこで到着ビザを延長することができますか？

Bab 2 **1** **Track 12**

Ibu punya uang pas?

Ini kembaliannya $5 dan kuitansinya.

Ayako tidak mempunyai uang pas.

Ibu mengantre di loket imigrasi di samping loket ini.

Ayako dianjurkan untuk mencari antrean yang pendek.

Ibu pilih antrean yang pendek saja.

Mendarat di Indonesia インドネシアに上陸する

◇ Kira-kira perlu berapa lama untuk memperpanjang VISA ON ARRIVAL?
ビザを延長するのにどのくらい時間がかかりますか？

◇ Berapa biayanya?
費用はいくらですか？

1 到着ビザを取得する

- イラスト1　彩子は到着ビザを取得するための窓口を探します。
  - 彩子　　：到着ビザはどこで取得できますか？
  - 係員1　：あの窓口です。

- イラスト2　彩子　　：ありがとう。
  - 係員1　：どういたしまして。

- イラスト3　彩子は到着ビザ窓口へ向かいます。
  - 係員2　：こんにちは。
  - 彩子　　：こんにちは。到着ビザを取りたいのですが。

- イラスト4　係員2　：1名につき25ドルで、有効期間は30日間です。
  - 彩子　　：はい。

- イラスト5　彩子はちょうどのお金を持っていません。
  - 係員2　：ちょうどのお金をお持ちですか？
  - 彩子　　：持っていません。
  - 係員2　：これがおつりの5ドルと領収証です。

- イラスト6　彩子は短い列に並ぶよう勧められます。
  - 彩子　　：この後、私はどこへ行かなければなりませんか？
  - 係員2　：この窓口の横の入管窓口に並んでください。

- イラスト7　彩子　　：ありがとう。あぁ～、たくさんの人が待っているわ。
  - 係員2　：短い列を選んでください。

おもしろ発見＠到着ビザ

　以前はインドネシアへ入国する場合は，到着ビザを取得しなければならず，バリ島やジャカルタの空港でのビザ取得窓口での行列にはうんざりさせられました。ですが，そんな情景も今は昔。2015年から日本のパスポート所持者は，観光目的での30日以内の滞在の場合は，到着ビザが不要になりました。ただし，30日を超える観光目的の滞在や，教育機関等の訪問，労働を伴わない商談，会議などの目的で入国する場合は，到着ビザを取得する必要があります。

Mendarat di Indonesia　インドネシアに上陸する

ボキャブラリー

VISA ON ARRIVAL (VOA)　到着ビザ	mengambil VISA　ビザを取る
loket　窓口	mengantre di …　〜に並ぶ
masa berlaku　有効期間	memperpanjang …　〜を延長する
selama tiga puluh hari　30日間	kantor Imigrasi　入国管理局
untuk satu pax / untuk satu orang　1名分	panjang　長い
punya　持っている	pendek　短い
uang pas　ちょうどのお金	banyak　多い
kuitansi　領収証	sedikit　少ない

2 Imigrasi …… 入管

Track 14

Tahap Pertama 入管手続きのシーンです。まずは CD を聴いてみましょう。

- Berapa hari tinggal di Indonesia?
- Sepuluh hari, Pak.
- Ibu punya tiket untuk pulang ke Jepang?
- Ya, ini tiketnya.

Ayako menjawab jangka waktu tinggal di Indonesia.

- Apa maksud kunjungan Anda kali ini?
- Saya mau mengunjungi guru bahasa Indonesia saya di Bali.
- Anda menginap di mana?
- Di Hotel Pulau Dewata Indah.

Ayako menjawab tujuan kunjungan kali ini dan tempat tinggal di Indonesia.

重要表現を覚えましょう。
キーフレーズ

- Berapa hari tinggal di Indonesia?
  何日間インドネシアに滞在しますか？

◇ Sepuluh hari.
  10日間です。

- Ibu punya tiket untuk pulang ke Jepang?
  日本へ帰るチケットは持っていますか？

- Apa maksud kunjungan Anda kali ini?
  今回のあなたの訪問目的は何ですか？

◇ Saya mau mengunjungi guru bahasa Indonesia saya di Bali.
  バリにいる私のインドネシア語の先生を訪問します。

Bab 2 — **2** — Track 14

> Dengan siapa Anda datang ke Indonesia?

> Dengan teman-teman saya.

> Baik. Selamat berlibur di Indonesia.

> Terima kasih banyak, Pak.

Petugas bertanya kepada Ayako tentang peserta tur.

Mendarat di Indonesia インドネシアに上陸する

- Anda menginap di mana?
  どこに宿泊しますか？
- Dengan siapa Anda datang ke Indonesia?
  あなたは誰とインドネシアへ来ましたか？

43

2 Imigrasi

Track 15

Tahap Kedua 今度は彩子になって，入管手続きをしてみましょう。

> Berapa hari tinggal di Indonesia?

> Ibu punya tiket untuk pulang ke Jepang?

Ayako menjawab jangka waktu tinggal di Indonesia.

> Apa maksud kunjungan Anda kali ini?

> Anda menginap di mana?

Ayako menjawab tujuan kunjungan kali ini dan tempat tinggal di Indonesia.

入国手続きで役立つ表現を覚えましょう。
応用表現

Track 16

- Rencananya berapa lama di Indonesia?
  インドネシアにはどれくらいの期間滞在する予定ですか？

- Sudah pernah datang ke Indonesia?
  インドネシアへ来たことがありますか？

◇ Baru pertama kali.
  初めてです。

◇ Pernah dua kali datang ke Indonesia.
  2回インドネシアへ来たことがあります。

- Datang dengan rombongan atau sendiri?
  グループで来ましたか，それとも1人で来ましたか？

> Dengan siapa Anda datang ke Indonesia?

> Baik. Selamat berlibur di Indonesia.

Petugas bertanya kepada Ayako tentang peserta tur.

2 入管

(イラスト1)　彩子はインドネシアでの滞在期間を答えます。
　　　　　　係官　：　何日間インドネシアに滞在しますか？
　　　　　　彩子　：　10日間です。

(イラスト2)　係官　：　日本へ帰るチケットは持っていますか？
　　　　　　彩子　：　はい，これがチケットです。

(イラスト3)　彩子は今回の訪問目的とインドネシアでの滞在先を答えます。
　　　　　　係官　：　今回のあなたの訪問目的は何ですか？
　　　　　　彩子　：　バリにいる私のインドネシア語の先生を訪問します。

(イラスト4)　係官　：　どこに宿泊しますか？
　　　　　　彩子　：　ホテル・プラウ・デワタ・インダです。

(イラスト5)　係官は同伴者について尋ねます。
　　　　　　係官　：　あなたは誰とインドネシアへ来ましたか？
　　　　　　彩子　：　私の友人たちです。

(イラスト6)　係官　：　わかりました。インドネシアで良い休暇を。
　　　　　　彩子　：　ありがとうございます。

おもしろ発見＠入管

　飛行機の長旅と立ちっぱなしで待たされた疲れがピークに達する頃，ようやく自分の順番がまわってくる入国審査。係官はきわめてビジネスライクに，無表情に入国審査をしています。一見怖い感じがしますが，そこはやはり常夏の国インドネシア。入国のスタンプを押し，微笑んで旅券を返してくれる係官の顔にホッとします。旅行者がインドネシアに入国する際，入国時に必ず出国用の航空券を持っていることと，旅券の有効期間が規定の日数以上あることが条件となっています。

Mendarat di Indonesia インドネシアに上陸する

ボキャブラリー

nama lengkap　氏名	tanda tangan　署名
tempat lahir　出生地	maksud kunjungan　訪問目的
tanggal lahir　生年月日	kunjungan keluarga　家族訪問
jenis kelamin　性別	pariwisata　観光
kebangsaan　国籍	berlibur　休暇を過ごす
nomor paspor　旅券番号	bisnis　ビジネス
masa berlaku paspor　旅券有効期限	tur　ツアー
pekerjaan　職業	

3 Kehilangan Kopor …… スーツケース紛失 **Track 17**

Tahap Pertama 彩子のスーツケースが見当たりません。まずはCDを聴きましょう。

- Pak, bagasi dari Narita di mana?
- Di nomor 3.
- Bagasi dari Narita sudah dikeluarkan semua, Pak?
- Sudah.

Ayako bertanya kepada petugas tentang tempat pengambilan bagasi.

- Kopor saya tidak ada, Pak.
- Mana *Baggage Check* Ibu?
- Ini, Pak.
- Coba Ibu mengecek di loket kehilangan bagasi.

Ayako tidak dapat menemukan kopornya.

重要表現を覚えましょう。
キーフレーズ

◇ Bagasi dari Narita di mana?
　成田からの荷物はどこですか？

◇ Bagasi dari Narita sudah dikeluarkan semua, Pak?
　成田からの荷物はもう全部出ましたか？

◇ Kopor saya tidak ada, Pak.
　私のスーツケースがありません。

◇ Kopor saya ada di mana sekarang?
　私のスーツケースは今どこにありますか？

◇ Kapan saya bisa menerima kopor saya?
　私はいつスーツケースを受け取れるのですか？

Bab 2 — 3 — Track 17

- Kopor saya ada di mana sekarang?
- Tadi pagi kopor Ibu ketinggalan di Narita.
- Kapan saya bisa menerima kopor saya?
- Besok sore. Kopor Ibu akan dimuatkan di pesawat berikutnya dari Narita ke Denpasar.

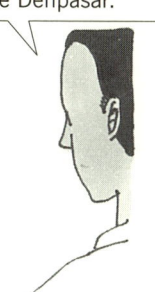

Ayako mencari informasi di loket kehilangan bagasi.

- Jadi saya harus tunggu sampai besok sore?
- Ya, mohon maaf sebesar-besarnya, Bu.

Mendarat di Indonesia インドネシアに上陸する

3 Kehilangan Kopor

Track 18

Tahap Kedua 今度は彩子になって、スーツケースの行方を探してみましょう。

> Di nomor 3.

> Sudah.

Ayako bertanya kepada petugas tentang tempat pengambilan bagasi.

> Mana *Baggage Check* Ibu?

> Coba Ibu mengecek di loket kehilangan bagasi.

Ayako tidak dapat menemukan kopornya.

手荷物に関する表現を覚えましょう。

応用表現

Track 19

◇ Kopor saya pecah.
　私のスーツケースが割れています。

◇ Kopor saya penyok.
　私のスーツケースがへこんでいます。

◇ Pegangan kopor ini terlepas.
　このスーツケースの取っ手が外れています。

◇ Rupanya salah seorang penumpang salah mengambil bagasi.
　誰かが間違えて荷物を取ったようです。

Ayako mencari informasi di loket kehilangan bagasi.

— Tadi pagi kopor Ibu ketinggalan di Narita.

— Besok sore. Kopor Ibu akan dimuatkan di pesawat berikutnya dari Narita ke Denpasar.

— Ya, mohon maaf sebesar-besarnya, Bu.

◇ Tolong antarkan kopor saya ke hotel secepatnya.
私のスーツケースを一刻も早くホテルに届けてください。

◇ Pihak perusahaan penerbangan harus bertanggungjawab terhadap masalah kehilangan bagasi saya.
航空会社側は私の荷物紛失問題に対して責任を取るべきです。

◇ Saya berharap untuk mendapat ganti-rugi.
私は損害賠償を希望します。

3 スーツケース紛失

イラスト1 彩子は係員に荷物の受け取り場所について尋ねます。
　　彩子　：すみません，成田からの荷物はどこですか？
　　係員1：3番です。

イラスト2 彩子　：成田からの荷物はもう全部出ましたか？
　　係員1：はい。

イラスト3 彩子は自分のスーツケースを見つけられません。
　　彩子　：私のスーツケースがありません。
　　係員2：タグは？

イラスト4 彩子　：これです。
　　係員2：荷物紛失窓口でチェックしてみてください。

イラスト5 彩子は荷物紛失窓口で情報探しをします。
　　彩子：私のスーツケースは今どこにありますか？
　　職員：今朝，あなたのスーツケースは成田に取り残されてしまいました。

イラスト6 彩子：いつ私はスーツケースを受け取れますか？
　　職員：明日の夕方です。あなたのスーツケースは，成田からデンパサールへの次の便に積みます。

イラスト7 彩子：それでは，明日の夕方まで待たなければならないのですか？
　　職員：はい，大変申し訳ございません。

おもしろ発見＠荷物受け取り

　入国審査を終え，預けたスーツケースを受け取る頃には，いったいこのスーツケースはこのテーブルを何周したのだろうか？と思うほど時間が経っていることがあります。空港内で働くポーターたちは，なかなか持ち主が現れない荷物をテーブルから下ろし，1ヵ所にまとめて置いてくれることがあります。持ち主が現れると，親切に税関の方向へと荷物を運んでくれようとしますが，これはあくまでも有料サービスです。その必要がない場合には，"Terima kasih, saya bisa angkat sendiri."（ありがとう，自分で運べますから）などと言って断らないと，後でサービス料をめぐってトラブルになりますので注意しましょう。

ボキャブラリー

kopor　スーツケース
kotak　箱
karton　段ボール箱
informasi　インフォメーション
kehilangan　紛失
kerusakan　破損
pecah　割れる

retak　ひびが入る
sobek　破れる
terlepas ...　〜が外れる
penyok　（缶や瓶などが）へこむ，へこみ傷
bengkok　曲がっている
salah ambil　取り間違い

4 Pabean …… 税関　　　　　　　　　　Track 20

Tahap Pertama 税関通過のシーンです。まずはCDを聴いてみましょう。

— Anda datang dari mana?
— Dari Narita, Jepang.

— Berapa jumlah keluarga yang bepergian bersama dengan Anda?
— Saya sendiri saja, Pak.

Petugas bertanya kepada Ayako tentang asalnya.

— Berapa jumlah barang yang Anda bawa?
— Dua.

— Buka kopor Anda di atas sini!
— Ya.

Petugas bertanya kepada Ayako tentang jumlah barang.

Ayako disuruh oleh petugas untuk membuka kopornya.

🔑 重要表現を覚えましょう。
キーフレーズ

- **Anda datang dari mana?**
  どこから来ましたか？

- **Berapa jumlah keluarga yang bepergian bersama dengan Anda?**
  あなたと同行した家族は何人ですか？

- **Berapa jumlah barang yang Anda bawa?**
  あなたが持ってきた荷物の総数はいくつですか？

- **Buka kopor Anda di atas sini!**
  スーツケースをここの上で開けてください。

- **Bawa lebih dari dua ratus batang rokok?**
  200本以上のタバコを持っていますか？

Bab 2 **4** **Track 20**

Bawa lebih dari dua ratus batang rokok?

Tidak.

Bawa lebih dari satu liter minuman yang mengandung alkohol?

Tidak.

Apa ini?

Itu oleh-oleh untuk teman saya.

Apa isinya?

Baju kaos wanita.

Mendarat di Indonesia インドネシアに上陸する

Petugas bertanya kepada Ayako tentang isi bungkusan.

- **Apa ini?**
  これは何ですか？
- **Apa isinya?**
  中身は何ですか？

55

4　Pabean

Tahap Kedua　今度は彩子になって税関通過をしてみましょう。

Anda datang dari mana?

Berapa jumlah keluarga yang bepergian bersama dengan Anda?

Petugas bertanya kepada Ayako tentang asalnya.

Berapa jumlah barang yang Anda bawa?

Buka kopor Anda di atas sini!

Petugas bertanya kepada Ayako tentang jumlah barang.

Ayako disuruh oleh petugas untuk membuka kopornya.

税関で役立つ表現を覚えましょう。
応用表現

Track 22

- Ada titipan dari orang lain?
  他人からの託送品はありますか？

- Apa isi bungkusan ini?
  この包みの中身は何ですか？

- Buka bungkusan ini! Saya perlu memeriksanya.
  この包みを開けてください。検査する必要があります。

- Anda membawa barang yang perlu dilaporkan?
  申請する必要がある物を持っていますか？

◇ Tidak bawa.
  持っていません。

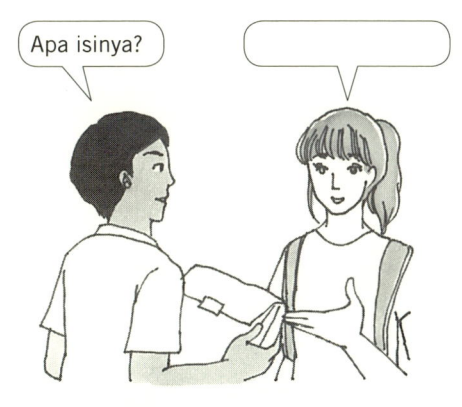

Bab 2　4　Track 21

Bawa lebih dari dua ratus batang rokok?

Bawa lebih dari satu liter minuman yang mengandung alkohol?

Apa ini?

Apa isinya?

Petugas bertanya kepada Ayako tentang isi bungkusan.

Mendarat di Indonesia インドネシアに上陸する

4 税関

(イラスト1) 係官は彩子がどこから来たのかを尋ねます。
係官 ： どこから来ましたか？
彩子 ： 日本の成田からです。

(イラスト2) 係官 ： あなたと同行した家族は何人ですか？
彩子 ： 私1人です。

(イラスト3) 係官は荷物の総数を尋ねます。
係官 ： あなたが持ってきた荷物の総数はいくつですか？
彩子 ： 2つです。

(イラスト4) 彩子は係官にスーツケースを開けるように言われます。
係官 ： ここの上でスーツケースを開けてください。
彩子 ： はい。

(イラスト5) 係官 ： 200本を超えるタバコを持っていますか？
彩子 ： いいえ。

(イラスト6) 係官 ： 1リットルを超える酒を持っていますか？
彩子 ： いいえ。

(イラスト7) 係官は彩子に包みの中身について尋ねます。
係官 ： これは何ですか？
彩子 ： それは友人へのお土産です。

(イラスト8) 係官 ： 中身は何ですか？
彩子 ： 女性用のTシャツです。

おもしろ発見＠税関

　通常，インドネシアへ向かう飛行機の中で乗務員が「税関申告書」を配布します。書式の質問事項にチェックする簡単な書類です。

　課税対象になる物に該当するかどうかは，それぞれ規定がありますので，それに従って判断すればよいのですが，インドネシアへの入国，出国時に特に注意しなければならないのは薬物，薬品の持ち込みです。持病などで使用している薬品の場合は，極端に大量でなければ問題にならないと思いますが，心配な場合は日本を出発する前に，主治医から薬品の証明書を作成してもらうと安心です。

　なお，日本とインドネシアとでは，麻薬等に類する薬物犯罪に対する量刑に大きな違いがあります。観光客が薬物犯罪で逮捕されたという報告を耳にします。インドネシアでは厳罰に処される犯罪の部類に入りますので，軽はずみな気持ちで持ち込みをしたり，持ち出ししようとするのは絶対にやめるべきです。

ボキャブラリー

tumbuh-tumbuhan　植物	komputer　コンピュータ
hewan　動物	HP　携帯電話
karantina　検疫	baterai　電池
produk　製品	CD　CD
contoh　見本	video berisi rekaman　録画済みビデオ
titipan　託送品，預かり物	mata uang　通貨
kamera digital　デジタルカメラ	uang asing　外貨
PC　パソコン	

Tata Bahasa

❶ 人称代名詞

● 一人称単数形「私」
saya	自分を指す人称代名詞として，年齢，立場，性別の違いに関係なく，誰でも使う
aku	ごく親しい相手に対してのみ，自分を指す言葉として使う

● 一人称複数形「私たち」
kami	話し相手を含まない場合に使う
kita	話し相手を含む場合に使う

● 二人称単数形「あなた」
Anda	初対面や相手とあまり深く知り合っていない関係の場合に使う。両性に使うことができる。また，不定の相手に対して「あなた」という場合にも使われる（広告など）
bapak	自分より年齢，立場が上の男性に使う
ibu	自分より年齢，立場が上の女性に使う
tuan	外国人男性に使う
nyonya	外国人の既婚女性に使う。インドネシア人同士では，ibu よりフォーマルな使い方として使う
saudara	自分と同等かそれ以下の年齢，立場の人に使う。両性に使うことができる
saudari	自分と同等かそれ以下の年齢，立場の女性に使う
kamu	ごく親しい関係の者同士で使う。両性に使うことができる

● 二人称複数形「あなたたち」
　上の単数形を2回繰り返して，人数を限定しない複数形が作られる。
　bapak-bapak, ibu-ibu, saudara-saudara, など。ただし，Anda と kamu は複数形がそれぞれ Anda sekalian, kalian となり，2回繰り返して使うことはできないので要注意。

● 三人称単数形「彼，彼女」
dia	口語で使われる。両性に使うことができる
ia	文語で使われる。両性に使うことができる
beliau	「あの方」という意味で，口語，文語ともに使われる

● 三人称複数形「彼ら，彼女ら」
mereka	口語，文語ともに使われる。両性に使うことができる

＊インドネシア語の人称代名詞は二人称の種類が多く，自分と話し相手の年齢や性別，立場などによって細かく使い分けられていますので，人称代名詞の選択ミスをしないよう要注意。自分より年下であっても，状況的に相手の立場が自分より上位である場合は，bapak や ibu が使われます。

❷ 語根動詞

辞書に載っているかたちで使われる動詞を語根動詞と言います。数はそれほど多くありませんが，日常生活でごく自然にしている動作を表すものの多くが語根動詞に分類され，ほとんどが自動詞です。下に主なものを示します。

makan 食べる	minum 飲む	datang 来る	pergi 行く
masuk 入る	keluar 出る，出かける	duduk 座る	ada ある，居る
mandi 沐浴する	mau 欲しい	tidur 寝る	bangun 起きる
ingat 覚えている	lupa 忘れる	turun 降りる，下がる	naik 乗る，上がる
pulang 帰る	kembali 戻る	tiba 到着する	jatuh 転ぶ，落ちる
maju 進む，前進する	mundur 後退する	pindah 移動する	suka 好きである
tinggal 住む，留まる	hidup 生きる	mati 死ぬ（動物など）	tahu 知っている
kawin 結婚する	singgah 立ち寄る	lahir 産まれる	putus 切れる

❸ 時制を表す助動詞

sudah もう〜した（口語的）	telah もう〜した（文語的）	belum まだ〜していない	sedang 〜している（口語，文語の両方に使う）
lagi 〜している（口語的）	akan 〜するでしょう	baru 〜したばかりである	masih まだ〜している
sudah pernah かつて〜したことがある	telah pernah かつて〜したことがある	belum pernah 未だかつて〜したことがない	tidak pernah 〜したことがない

＊ belum pernah ... は，未だ〜したことがないが将来〜するかもしれない可能性を含む意味合いの表現に使い，tidak pernah ... は，今までも，そしてこの先も〜することはないという意味合いで使い分けられます。

助動詞は動詞の前に置いて使います。
Mereka <u>sudah</u> <u>pergi</u>. 彼らはもう出かけました。

Saya <u>belum pernah minum</u> es kelapa muda.
　　　　　　　　　　　私はまだヤングココナツジュースを飲んだことがありません。

❹ 場所を表す前置詞

di	〜に	Mereka duduk di bangku. 彼らはベンチに座っています。
ke	〜へ	Saya masuk ke museum. 私は博物館へ入ります。
dari	〜から	Dia pindah dari Tokyo ke Jakarta. 彼は東京からジャカルタへ引っ越します。

イラスト辞書

toko bebas pajak / *duty free shop* 免税品店

pintu ゲート

pemeriksaan barang / sekuriti 手荷物検査

check In counter チェックインカウンター

ruang tunggu 待合室

bea dan cukai 税関

karantina 検疫

pengambilan bagasi 荷物受取

kopor スーツケース

lobi keberangkatan 出発ロビー

karton 段ボール箱

jadwal keberangkatan / kedatangan 出発便／到着便案内

imigrasi 入管

VISA ON ARRIVAL 到着ビザ

kehilangan dan penemuan 紛失拾得

informasi インフォメーション

porter ポーター

lobi kedatangan 到着ロビー

tangga berjalan エスカレーター

troli カート

Bab 3

Track 23-34

Menginap di Hotel ホテルに泊まる

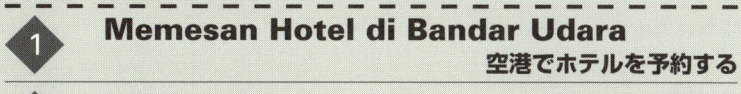

- -

1. **Memesan Hotel di Bandar Udara** 空港でホテルを予約する
2. **Tiba di Hotel** ホテルに到着する
3. **Penatu (*Laundry*)** クリーニング
4. **Mengikuti Tur Domestik** 現地ツアーに参加する

1 Memesan Hotel di Bandar Udara ······ 空港でホテルを予約する Track 23

Tahap Pertama 彩子は到着ロビーにあるホテル予約カウンターでホテルを予約します。まずは CD を聴いてみましょう。

- Saya mau memesan hotel di daerah Kuta.
- Untuk kapan?
- Untuk malam ini dan besok.
- Berarti untuk dua malam, ya.

Ayako datang ke *Hotel Reservation Counter*.

- Ibu mau tipe kamar yang bagaimana?
- Saya mau kamar *single*.
- Perlu AC dan air panas?
- Ya. Saya mau kamar ber-AC dan mandi dengan air panas.

Pegawai bertanya tentang keinginan Ayako.

重要表現を覚えましょう。
キーフレーズ

◇ **Saya mau memesan hotel di daerah Kuta.**
クタ地域のホテルを予約したいのですが。

◇ **Untuk malam ini dan besok.**
今夜と明日の分です。

◇ **Saya mau kamar *single*.**
シングルがいいです。

◇ **Ya. Saya mau kamar ber-AC dan mandi dengan air panas.**
はい。エアコン付きでお湯の風呂に入りたいです。

◇ **Berapa tarif satu malam?**
1泊の料金はいくらですか？

◇ **Tidak dapat korting?**
値引きできませんか？

Bab 3 **1** **Track 23**

> Saya mau menginap di hotel ini. Berapa tarif satu malam?

> $70, sudah termasuk sarapan dan pajak.

> Tidak dapat korting?

> Tarif ini sudah dikorting.

Ayako memilih hotel.

> Tolong dipesankan hotel ini.

> Satu orang untuk dua malam, ya? Atas nama siapa?

> Tolong beritahukan nomor paspor Ibu.

> Atas nama Ayako.

Ayako memesan hotel.

Menginap di Hotel ホテルに泊まる

◇ Tolong dipesankan hotel ini.
　このホテルを予約してください。

65

1 Memesan Hotel di Bandar Udara Track 24

Tahap Kedua 今度は彩子になって、ホテルを予約してみましょう。

Untuk kapan?

Berarti untuk dua malam, ya.

Ayako datang ke *Hotel Reservation Counter*.

Ibu mau tipe kamar yang bagaimana?

Perlu AC dan air panas?

Pegawai bertanya tentang keinginan Ayako.

ホテル予約の際に役立つ表現を覚えましょう。

応用表現

Track 25

◇ Saya mau menginap di hotel berbintang lima.
5つ星のホテルに宿泊したいのですが。

◇ Saya mau menginap di losmen.
ロスメンに宿泊したいのですが。

◇ Saya mau menginap di hotel yang berfasilitas AC, air panas, dan kolam renang.
エアコン、お湯とプール付きのホテルに宿泊したいのですが。

● Kamar losmen ini tidak ber-AC, tetapi berkipas angin.
このロスメンの部屋にはエアコンが付いていませんが、扇風機が付いています。

Bab 3 — 1 — Track 24

Ayako memilih hotel.

- $70, sudah termasuk sarapan dan pajak.
- Tarif ini sudah dikorting.

Ayako memesan hotel.

- Satu orang untuk dua malam, ya? Atas nama siapa?
- Tolong beritahukan nomor paspor Ibu.

Menginap di Hotel ホテルに泊まる

- ● Kamar losmen itu tidak berbak mandi, hanya *shower* air panas saja.
  そのロスメンの部屋にはバスタブがなく、お湯のシャワーのみです。
- ◇ Saya mau memesan hotel di daerah yang sunyi dan nyaman.
  静かで快適な地域にホテルを予約したいのですが。
- ◇ Saya mau memilih hotel yang dekat dari pantai.
  海岸から近いホテルを選びたいのですが。

1 空港でホテルを予約する

(イラスト1) 彩子はホテル予約カウンターに来ました。
　　　　　　彩子　：　クタ地域のホテルを予約したいのですが。
　　　　　　社員　：　いつの分ですか？

(イラスト2) 彩子　：　今夜と明日の分です。
　　　　　　社員　：　ということは2泊分ですね。

(イラスト3) **社員は彩子の希望を尋ねます。**
　　　　　　社員　：　どのようなお部屋タイプをご希望でしょうか？
　　　　　　彩子　：　シングルがいいです。

(イラスト4) 社員　：　エアコンとお湯は必要ですか？
　　　　　　彩子　：　はい。エアコン付きでお湯の風呂に入りたいです。

(イラスト5) **彩子はホテルを選びます。**
　　　　　　彩子　：　このホテルに泊まりたいです。1泊の料金はいくらですか？
　　　　　　社員　：　70ドルで朝食と税込みです。

(イラスト6) 彩子　：　値引きできませんか？
　　　　　　社員　：　この料金はすでに値引きされています。

(イラスト7) **彩子はホテルを予約します。**
　　　　　　彩子　：　このホテルを予約してください。
　　　　　　社員　：　1名様の2泊分ですね。お名前は？
　　　　　　彩子　：　彩子です。

(イラスト8) 社員　：　旅券番号を教えてください。

おもしろ発見＠ホテル予約

　空港内外にホテル予約カウンターがあり，さまざまなランク，サービス，料金の宿を紹介してもらうことができ，カウンターから予約を取ることができます。宿代は安くおさえ，旅行の内容を充実させたい人にはLosmen（安宿）が人気ですが，空港のホテル予約カウンターでは，その種の宿はあまり扱い数がないようです。近年，インドネシアでも国内観光旅行が盛んになり，年末年始，断食明けの祝日前後は，国内観光客により宿泊施設が軒並み満室になります。インドネシア国内の長期休暇シーズン中は，探しても探しても宿泊施設に空き部屋がないという事態にもなりかねませんので注意が必要です。

Menginap di Hotel　ホテルに泊まる

ボキャブラリー

hotel berbintang　星付きのホテル	AC　エアコン
losmen　ロスメン（安宿）	kipas (*fan*)　ファン
tarif hotel　ホテル料金	kipas angin　扇風機
kamar *single* (tunggal)　シングルルーム	sarapan　朝食
kamar *twin* (ranjang kembar)　ツインルーム	bak mandi　バスタブ
kamar *double* (dobel)　ダブルルーム	*shower* (pancuran)　シャワー
	air panas　湯

2 Tiba di Hotel ······ ホテルに到着する　　Track 26

Tahap Pertama　彩子がホテルに到着しました。まずは CD を聴いてみましょう。

- Saya memesan kamar di bandar udara tadi.
- Ibu pesan atas nama siapa?
- Ayako. Ejaannya A・Y・A・K・O.

Ayako berbicara dengan penerima tamu hotel.

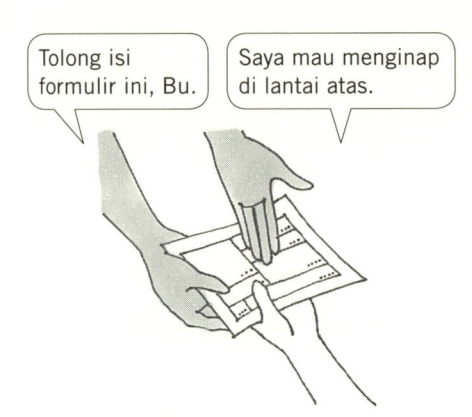

- Tolong isi formulir ini, Bu.
- Saya mau menginap di lantai atas.
- Maaf, kamar di lantai atas sudah terisi semua.

Ayako mengisi formulir.

重要表現を覚えましょう。
キーフレーズ

◇ Saya memesan kamar di bandar udara tadi.
　先ほど空港から部屋を予約しました。

● Ibu pesan atas nama siapa?
　ご予約はどなたのお名前で？

◇ Ejaannya A・Y・A・K・O.
　綴りは A・Y・A・K・O です。

● Tolong isi formulir ini, Bu.
　このフォームにご記入ください。

◇ Saya mau menginap di lantai atas.
　上のフロアーに泊まりたいのですが。

◇ Di kamar bisa memakai internet?
　部屋でインターネットを使えますか？

> Mari saya antar ke kamar. Kamar Ibu di 107.

> Di kamar bisa memakai internet?

> Tidak bisa, tetapi Ibu bisa memakai internet dengan fasilitas Wi-Fi di restoran dan lobi.

Ayako diantar ke kamarnya.

> Berapa biayanya?

> Gratis, Bu.

◇ Berapa biayanya?
料金はいくらですか？

2 Tiba di Hotel

Track 27

Tahap Kedua 今度は彩子になって、ホテルにチェックインしてみましょう。

> Ibu pesan atas nama siapa?

Ayako berbicara dengan penerima tamu hotel.

> Tolong isi formulir ini, Bu.

> Maaf, kamar di lantai atas sudah terisi semua.

Ayako mengisi formulir.

ホテルのチェックインに役立つ表現を覚えましょう。

応用表現

Track 28

◇ Saya memesan kamar atas nama Ayako.
彩子の名前で部屋を予約しました。

◇ Saya mau menginap di kamar yang pemandangannya indah.
眺めが良い部屋に泊まりたいのですが。

◇ Bisa ganti kamar?
部屋を交換できますか？

◇ Kebocoran dari plafon.
天井から水漏れしています。

Bab 3 **2** **Track 27**

Mari saya antar ke kamar. Kamar Ibu di 107.

Tidak bisa, tetapi Ibu bisa memakai internet dengan fasilitas Wi-Fi di restoran dan lobi.

Ayako diantar ke kamarnya.

Gratis, Bu.

Menginap di Hotel ホテルに泊まる

◇ Toilet kamar ini tersumbat.
この部屋のトイレが詰まっています。

◇ Minta tisu toilet.
トイレットペーパーをください。

◇ Minta obat nyamuk bakar.
蚊取り線香をください。

73

2 ホテルに到着する

- イラスト1　彩子はホテルの受付と話します。
  - 彩子　：　先ほど空港で部屋を予約しました。
  - 受付　：　ご予約はどなたのお名前で？

- イラスト2　彩子　：　彩子です。綴りはA・Y・A・K・Oです。

- イラスト3　彩子はフォームに記入します。
  - 受付　：　こちらのフォームにご記入ください。
  - 彩子　：　上のフロアーに泊まりたいのですが。

- イラスト4　受付　：　すみません，上の階はすべて満室です。

- イラスト5　彩子は部屋に案内されます。
  - 従業員：　お部屋にご案内いたしましょう。お部屋は107号室です。
  - 彩子　：　部屋でインターネットを使えますか？

- イラスト6　従業員：　使えませんが，レストランとロビーとでWi-Fiでインターネットが使えます。

- イラスト7　彩子　：　料金はいくらですか？
  - 従業員：　無料です。

おもしろ発見＠ホテル

　インドネシアの観光地では，比較的通信環境が整備されています。日本と比較すれば，通信速度が遅い，通信状況が不安定である感は否めませんが，ホテルの客室，ロビー，レストラン，プールサイドでもインターネットを利用することができる宿がかなり増えました。

　街のレストランやカフェでも，無線LANのインターネットを利用できるところがあります。店の商品を買ってもらい，店内でインターネットの無料サービスを提供する形式の飲食店も増えました。また，観光地の有料インターネットスポットは料金設定が高めです。

ボキャブラリー

kunci kamar　部屋の鍵
tempat tidur　ベッド
laundry / penatu
クリーニング，クリーニング屋，ランドリー
surat kabar / koran　新聞
kamar mandi　浴室
bak mandi　浴槽

toilet / WC　トイレ
tisu toilet　トイレットペーパー
obat nyamuk　蚊避け薬
obat nyamuk bakar　蚊取り線香
obat nyamuk elektrik　電気蚊取り器
internet　インターネット
gratis　無料

3 Penatu (*Laundry*) …… クリーニング Track 29

Tahap Pertama 彩子が洗濯物を出しました。まずはCDを聴きましょう。

- Tolong dicuci baju-baju ini.
- Baik, Ibu.
- Kapan selesainya?
- Nanti sore. Baju akan saya antarkan ke kamar Ibu.

Ayako berbicara dengan petugas *House Keeping*.

- Tolong isi daftar *laundry* ini.
- Sudah saya isi tadi dan daftarnya ada di dalam kantong plastik bersama dengan baju saya.
- O, maaf Ibu, saya tidak lihat. Tolong tanda tangan di sini, Ibu.

Ayako mengisi formulir.

重要表現を覚えましょう。
キーフレーズ

◇ Tolong dicuci baju-baju ini.
これらの衣服を洗ってください。

◇ Kapan selesainya?
仕上がりはいつですか？

● Tolong isi daftar *laundry* ini.
この洗濯物一覧表にご記入願います。

● Tolong tanda tangan di sini, Ibu.
ここにサインをお願いします。

◇ Pakaian dalam saya tidak perlu disetrika.
私の下着にはアイロンをかける必要がありません。

◇ Tolong diberi pelembut untuk handuk ini.
このタオルには柔軟剤を使ってください。

Ayako berpesan kepada petugas *House Keeping* mengenai cara mengurus bajunya.

3　Titip *Laundry*

Track 30

Tahap Kedua　今度は彩子になって，洗濯物を頼んでみましょう。

Baik, Ibu.

Nanti sore. Baju akan saya antarkan ke kamar Ibu.

Ayako berbicara dengan petugas *House Keeping*.

Tolong isi daftar *laundry* ini.

O, maaf Ibu, saya tidak lihat. Tolong tanda tangan di sini, Ibu.

Ayako mengisi formulir.

洗濯物を頼む際に役立つ表現を覚えましょう。

応用表現

Track 31

◇ Hati-hati karena ada kemungkinan warna baju ini luntur.
この服は色落ちする可能性がありますので，気をつけてください。

◇ Jangan diberi kanji.
洗濯糊を使わないでください。

◇ Tolong disetrika pelan-pelan.
低めの温度でアイロンがけをしてください。

◇ Ini bukan celana saya.
これは私のズボンではありません。

Bab 3 3 Track 30

"Baik."

Ayako berpesan kepada petugas *House Keeping* mengenai cara mengurus bajunya.

Menginap di Hotel ホテルに泊まる

◇ Baju kaos saya dikembalikan dalam keadaan rusak.
私のＴシャツが破れて戻ってきました。

◇ Celana saya hangus.
私のズボンが焦げています。

◇ Saya minta ganti-rugi.
私は損害賠償を請求します。

◇ *Laundry* tidak perlu diantar ke kamar. Saya akan menerimanya di penerima tamu.
洗濯物は部屋に運ぶ必要がありません。私はフロントで受け取ります。

3　ランドリー

イラスト1　彩子はハウスキーピング係と話しています。
　彩子　：　これらの衣服を洗ってください。
　係　　：　かしこまりました。

イラスト2　彩子　：　仕上がりはいつですか？
　係　　：　夕方です。衣服は私があなたのお部屋にお届けいたします。

イラスト3　彩子は一覧表に記入します。
　係　　：　この洗濯物一覧表にご記入願います。
　彩子　：　さきほど記入して，一覧表はビニール袋の中に私の衣服と一緒に入っています。

イラスト4　係　　：　すみません，見ておりませんでした。ここにサインをお願いします。

イラスト5　彩子はハウスキーピング係に服の扱い方について注文を付けます。
　彩子　：　私の下着にはアイロンをかける必要がありません。
　係　　：　かしこまりました。

イラスト6　彩子　：　このタオルには柔軟剤を使ってください。

おもしろ発見＠ランドリー

　ホテルにはランドリーサービスがあります。しかし，注意しなければならないのは，必ずしもホテル内で洗濯をしているとは限らないことです。バリ島などでは，宿泊客から預かった洗濯物を街の洗濯業者へ業務委託しているケースもあり，紛失，破損などのケースが発生した場合の対応に時間と手間がかかることがあります。また，一般にインドネシア人は洗濯物には何にでもアイロンをかける習慣がありますので，熱に弱いものや傷む可能性があるものは，ランドリーに出さずに自分で手洗いすることをお勧めします。

ボキャブラリー

baju　衣服
baju kaos　Tシャツ，ポロシャツ
kemeja　ワイシャツ
celana panjang　長ズボン
celana pendek　半ズボン
celana dalam　ショーツ
rok　スカート
baju tidur / piyama　パジャマ
baju renang　水着
BH　ブラジャー

kaos kaki　靴下
handuk　タオル
sabun cuci baju　洗濯用石鹸
pemutih　漂白剤
mesin cuci　洗濯機
sikat baju　洗濯たわし
papan cuci baju　洗濯板
kanji　洗濯糊
pelembut / *softner*　柔軟剤．ソフター
setrika　アイロン

4 Mengikuti Tur Domestik …… 現地ツアーに参加する　Track 32

Tahap Pertama　彩子が現地発のツアーに参加します。まずは CD を聴いてみましょう。

> Saya mau jalan-jalan ke Candi Borobudur. Bagaimana cara pergi ke sana?

> Ada beberapa cara, tapi yang paling mudah dan murah adalah mengikuti tur domestik.

> Di mana saya bisa memesannya?

> Ibu datang ke biro jasa perjalanan di lantai 3.

Ayako mencari informasi mengenai tur domestik di penerima tamu hotel.

> Berapa biaya tur ke Candi Borobudur?

> Untuk kapan dan berapa orang?

> Saya mau berangkat secepatnya dan untuk satu orang saja.

> Besok Ibu bisa berangkat dan pulangnya lusa malam dengan biaya $370 per pax.

Ayako datang di biro jasa perjalanan di hotel.

🔑 重要表現を覚えましょう。
キーフレーズ

◇ Bagaimana cara pergi ke sana?
そこへはどのようにして行くのですか？

◇ Di mana saya bisa memesannya?
どこでその予約ができますか？

● Untuk kapan dan berapa orang?
いつ，何名様ですか？

◇ Biaya tur ini sudah termasuk apa saja?
このツアー料金には何が含まれていますか？

◇ Makan siang dan makan malam di mana?
昼食と夕食はどこで食べますか？

◇ Saya mau memesan tur untuk besok satu orang atas nama Ayako.
明日の分を1名，彩子の名前で予約したいのですが。

Bab 3 **4** **Track 32**

Biaya tur ini sudah termasuk apa saja?

Biaya tiket pesawat PP, akomodasi, sarapan, karcis masuk Candi Borobudur, transportasi di lokasi, jasa pelayanan, serta pajak.

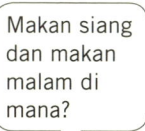

Makan siang dan makan malam di mana?

Di sekitar objek wisata dan hotel. Biaya untuk makan siang dan malam tidak termasuk dalam biaya tur ini.

Ayako menanyakan syarat dan fasilitas tur yang lebih lanjut.

Kalau begitu, saya mau memesan tur untuk besok satu orang atas nama Ayako.

Baik. Pesawat Ibu berangkat pada pukul 6 pagi. Ibu harus lapor paling lambat setengah jam sebelumnya.

Sebaiknya saya memesan taksi untuk besok pagi?

Ya. Kalau perlu kami bisa membantu Ibu.

Ayako memesan tur.

Menginap di Hotel ホテルに泊まる

- Ibu harus lapor paling lambat setengah jam sebelumnya.
  最低30分前にはチェックインしなければなりません。

83

4 Mengikuti Tur Domestik

Track 33

Tahap Kedua 今度は彩子になって，現地発のツアーの予約をしてみましょう。

— Ada beberapa cara, tapi yang paling mudah dan murah adalah mengikuti tur domestik.

— Ibu datang ke biro jasa perjalanan di lantai 3.

Ayako mencari informasi mengenai tur domestik di penerima tamu hotel.

— Untuk kapan dan berapa orang?

— Besok Ibu bisa berangkat dan pulangnya lusa malam dengan biaya $370 per pax.

Ayako datang di biro jasa perjalanan di hotel.

ツアー参加に役立つ表現を覚えましょう。
応用表現

Track 34

◇ Saya mau menggunakan kapal feri ke pulau Lombok.
フェリー船を使ってロンボック島へ行きたいです。

◇ Makan waktu berapa lama dari sana ke sini?
そこからここまでどのくらい時間がかかりますか？

◇ Pukul berapa pesawat *take off*?
飛行機は何時に出発しますか？

◇ Tiba di sana pukul berapa?
向こうには何時に着きますか？

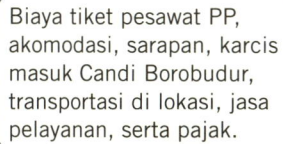

Bab 3 — 4 — Track 33

> Biaya tiket pesawat PP, akomodasi, sarapan, karcis masuk Candi Borobudur, transportasi di lokasi, jasa pelayanan, serta pajak.

> Di sekitar objek wisata dan hotel. Biaya untuk makan siang dan malam tidak termasuk dalam biaya tur ini.

Ayako menanyakan syarat dan fasilitas tur yang lebih lanjut.

> Baik. Pesawat Ibu berangkat pada pukul 6 pagi. Ibu harus lapor paling lambat setengah jam sebelumnya.

> Ya. Kalau perlu kami bisa membantu Ibu.

Ayako memesan tur.

Menginap di Hotel ホテルに泊まる

◇ Apakah ada yang menjemput saya di sana?
向こうでは私を出迎える人がいますか？

4 現地ツアーに参加する

- (イラスト1) 彩子はホテルのフロントで現地ツアーに関する情報を集めます。
  - 彩子　　：ボロブドゥール寺院へ旅行したいのですが。そこへはどのようにして行くのですか？
  - フロント：いくつかの方法がありますが，いちばん簡単で安いのは現地発ツアーに参加することです。

- (イラスト2)
  - 彩子　　：どこでそれを予約できますか？
  - フロント：3階の旅行社へ行ってください。

- (イラスト3) 彩子は旅行社に来ました。
  - 彩子：ボロブドゥール寺院へのツアー料金はいくらですか？
  - 社員：いつ，何名様ですか？

- (イラスト4)
  - 彩子：できる限り早く出発したいのと，1名です。
  - 社員：明日ご出発して，お帰りは明後日の夜で，1名様370ドルです。

- (イラスト5) 彩子はツアーのより詳細な条件と内容を尋ねます。
  - 彩子：このツアー料金には何が含まれていますか？
  - 社員：往復の航空券，宿泊施設，朝食，ボロブドゥール寺院の入場券，現地での交通費とサービス料および税です。

- (イラスト6)
  - 彩子：昼食と夕食はどこで食べるのですか？
  - 社員：観光地の周辺やホテルです。昼食と夕食費はこのツアー料金には含まれていません。

- (イラスト7) 彩子はツアーを予約します。
  - 彩子：それでは明日の分を1名，彩子の名前で予約したいのですが。
  - 社員：かしこまりました。飛行機は朝6時に出発します。最低でも30分前にチェックインしなければなりません。

- (イラスト8)
  - 彩子：明朝のタクシーを予約しておいた方がよいでしょうか？
  - 社員：はい。必要でしたらお手伝いいたしますが。

おもしろ発見＠現地発ツアー

　多くの観光地では，現地発ツアーが豊富に用意されています。料金はやや高めですが，滞在中の予定や体調に合わせ，いつでも気軽に予約し参加できるメリットがあります。また，個人で車と運転手をチャーターし，自分が行ってみたい場所をまわることもできます。ほとんどの場合，料金には車，運転手の日当，燃料代が含まれていますが，念のため予約の時点で確認することをお勧めします。また，車やオートバイ，自転車のレンタルサービスもありますが，インドネシアの道路事情や運転マナーは日本と違い，事故を起こすもとですので，あまりお勧めできません。

Menginap di Hotel ホテルに泊まる

ボキャブラリー

jalan-jalan　旅行する，散歩する	biaya tur　ツアー料金
naik pesawat　飛行機に乗る	asuransi　保険
naik kapal feri　フェリー船に乗る	restoran　レストラン
naik bis malam　夜行バスに乗る	rumah makan　食堂
berjalan kaki　歩く	warung　屋台
memesan taksi　タクシーを予約する	warung lesehan　床やゴザに座って飯台に運ばれた物を食べる形式の屋台
memanggil taksi　タクシーを呼ぶ	
tur rombongan　団体ツアー	toko suvenir　土産物屋
karcis masuk　入場券	
biaya masuk　入場料	

Tata Bahasa

❶ ber- 動詞

　語根に接頭辞 ber- が付いている動詞を ber- 動詞と言います。ber- 動詞は，一般に自動詞に分類され，目的語を必要としない動詞です。下に語根の品詞ごとに ber- 動詞を示します。

● **語根が動詞のパターン**：ほとんどの場合，接頭辞のあるなしにより，語根と派生語の間に意味の違いがありません。

ada ある，いる	berada 滞在する	＊左の3つは，語根と派生語（ber- 形）の間に意味の変化が生じます。また，ajar のみ，接頭辞は bel- と変化します。	
ajar ～を教える	belajar 勉強する		
berbicara 話す	berhenti 止まる	berkunjung 訪問する	berjumpa 会う
berlari 走る，逃げる	bermain 遊ぶ	bertanya 質問する	bertemu 会う
berenang 泳ぐ	＊berenang のように，語根の先頭文字が r の場合，接頭辞 ber- は be- と変化します。		

＊接頭辞のあるなしにより意味変化が生じないものは，会話では ber- が省略されます。ber- を付けて使えば，よりフォーマルな形だと考えればよいでしょう。

● **語根が名詞のパターン**：語根が意味するものを「身につける」「持っている」「（主語には）～がある」という意味になります。

berkacamata めがねをかけている	bersepatu 靴を履いている	bertopi 帽子をかぶっている	berkemeja ワイシャツを着ている
berbaju merah 赤い服を着ている	bercelana ズボンを履いている	bercap 印がついている	bernama 名前がある，～という名前である
bersepeda 自転車に乗る	berbahasa （～語を）話す	berkata 言う	berolahraga 運動をする
bermalam 泊まる	bergerak 動く	berdiri 立つ	berjalan 歩く
beruang お金がある	berkeringat 汗をかく	beristeri 妻がいる	bersuami 夫がいる
berkeluarga 家族がある	bekerja 働く	＊bekerja のように，語根の第一音節に er が含まれる単語は，接頭辞が be- と変化します。	

● **語根が形容詞のパターン**：語根が意味する「状態にある」という意味になります。

bahagia 幸せな	berbahagia 幸せである	gembira うれしい	bergembira 喜ぶ
sedih 悲しい	bersedih 悲しむ	susah 困難な	bersusah 難しいと感じる
santai 寛いだ	bersantai ゆったり寛ぐ	kukuh 揺るがない	berkukuh 揺るがぬ態度をとる

● **語根が数詞のパターン**：語根の「（数）で」「（数）は」という意味になり，通常，名詞 → ber- 数詞の順に使い，名詞の人数や量を表すのに使います。ただし，1（satu）の場合は，bersatu で「統合する」，「一つになる」という意味になります。

berdua　2人で　　　Kami berdua datang dari Surabaya.　私たち2人はスラバヤから来ました。

❷ 手段，方法を表す前置詞
dengan　～で，～を使って，～と一緒に

Dia berangkat ke Palembang <u>dengan</u> <u>kapal laut</u>.　彼は船でパレンバンへ出発しました。
Orang Jepang makan <u>dengan</u> <u>sumpit</u>.　日本人は箸で（箸を使って）食べます。
Saya bermain <u>dengan Joko</u> di lapangan olahraga.　私はジョコと（一緒に）運動場で遊びました。

なお，dengan + 形容詞では，副詞が作られます。
dengan lancar　流暢に　（**lancar** → 流暢な）
dengan cepat　急いで　（**cepat** → 早い，速い）

❸ 希望，可能，許可，義務など表す助動詞

mau　～したい	ingin　～したい	bisa　～できる	dapat　～できる
suka　よく～する，～するのが好きである	boleh　～してもよい	harus　～しなければならない	perlu　～する必要がある
tidak perlu　～する必要がない	tidak usah　～する必要がない	jarang　滅多に～しない	kurang　あまり～しない
sering　度々～する	kadang-kadang　時々～する	selalu　いつも～する	biasanya　通常～する

＊否定表現の場合には，tidak + 助動詞の順に使います。

Saya <u>mau</u> <u>belajar</u> bahasa Indonesia.　私はインドネシア語を勉強したいです。
Anda <u>tidak</u> <u>boleh</u> <u>bersepeda</u> di situ.　あなたはそこで自転車に乗ってはいけません。
Dia <u>bisa</u> <u>berbahasa</u> Indonesia dengan lancar.　彼女は流暢にインドネシア語を話せます。

❹ 時刻の表現

時計の読み方を覚えましょう。

1時	jam satu / pukul satu
1時10分	jam satu lewat sepuluh menit / pukul satu lewat sepuluh menit
1時15分	jam satu lewat seperempat / pukul satu lewat seperempat
1時30分	jam setengah dua / pukul setengah dua
1時45分	jam dua kurang seperempat / pukul dua kurang seperempat
1時55分	jam dua kurang lima menit / pukul dua kurang lima menit

＊ 15分と45分は，分数を使って表します。15分の場合は，4分の1時間<u>過ぎた</u>と考えますので，<u>lewat seperempat</u>，45分の場合は4分の1時間<u>足りない</u>と考えますので，<u>kurang</u> seperempat と言います。
＊ ～時半の表現は，jam setengah 現在の時刻 + 1 の数で表現します。setengah は半分という意味です。
＊ ～時にあたる単語は，jam と pukul の2通りあります。時刻をたずねる場合は，Jam berapa? あるいは Pukul berapa? と言います。

❺ 時間の長さ

時間の長さは，数字 + 基本となる時間の単位の順で言い表します。

1秒	satu detik	1日	satu hari / sehari	1年	satu tahun / setahun
1分	satu menit	1週間	satu minggu / seminggu		
1時間	satu jam / sejam	1カ月	satu bulan / sebulan		

＊「何時間ですか？」と尋ねる場合は，Berapa jam? と言います。同様に，「何日間ですか？」と尋ねる場合は，Berapa hari? となり，berapa（いくら，いくつ）と，尋ねようとする時間の単位を表す単語を組み合わせて使います。なお，❹で説明した時刻の尋ね方で使う pukul を使って，何時間ですか？の意味で Berapa pukul? という使い方はありませんので注意しましょう。

イラスト辞書

- kamar mandi バス
- air panas お湯
- kran 蛇口
- bak mandi バスタブ
- kamar dobel / kamar *doubel* ダブルルーム
- telepon 電話
- pelayan 客室係
- kamar *twin* / kamar ranjang kembar ツインルーム
- kipas / *fan* ファン
- obat nyamuk bakar 蚊取り線香
- *shower* / pancuran シャワー
- AC エアコン
- kamar *single* / kamar ranjang tunggal シングルルーム
- televisi テレビ
- lemari es / kulkas 冷蔵庫
- restoran レストラン
- kamar kecil / toilet / WC トイレ
- lift エレベーター
- tangga 階段
- penerima tamu レセプション
- lobi ロビー
- asbak 灰皿
- satpam 警備員

Bab 4

Track 35-46

Telepon　　　　　　　　　　　　　　　　　　　電話

1. **Menelepon Kenalan untuk Janji Bertemu**
   会う約束をするため知人に電話をかける
2. **Mencari Tiket Penerbangan yang Murah**
   安い航空券を探す
3. **Memesan Masakan Via Telepon**
   電話で料理を注文する
4. **Menelepon Kantor Polisi**
   警察署に電話をかける

1 Menelepon Kenalan untuk Janji Bertemu ······ 会う約束をするため知人に電話をかける **Track 35**

Tahap Pertama 彩子は大学の教員に電話をかけます。まずはCDを聴いてみましょう。

- Selamat pagi. Bisa bicara dengan Bapak Sumiyasa?
- Dari mana?

Ayako menelepon dosen universitas.

- Ayako, mahasiswi Jepang.
- Mohon ditunggu.

- Apa kabar, Ayako?
- Baik-baik saja, terima kasih. Bagaimana kabarnya?

- Baik juga. Kapan tiba di Bali?
- Lima hari yang lalu.

Ayako berbicara dengan dosen universitas.

重要表現を覚えましょう。
キーフレーズ

◇ Bisa bicara dengan Bapak Sumiyasa?
　スミヤサさんとお話できますか？

● Dari mana?
　どちら様ですか？

◇ Ayako, mahasiswi Jepang.
　日本の大学生の彩子です。

● Apa kabar?
　元気ですか？

◇ Baik-baik saja.
　元気です。

◇ Bagaimana kabarnya?
　お元気ですか？

Bab 4 **1** Track 35

Saya ingin bertemu dengan Bapak.

Boleh-boleh. Ada masalah apa?

Saya ingin konsultasi dengan Bapak untuk kuliah lanjut saya di Bali.

Baik. Kalau begitu kita bertemu di kampus saja.

Ayako membuat janji bertemu dengan dosen universitas.

Bagaimana kalau besok siang?

Maaf, kalau siang saya menghadiri rapat, tetapi kalau pagi atau sore saya ada waktu.

Kalau begitu besok pagi, Bapak. Bisa jam berapa?

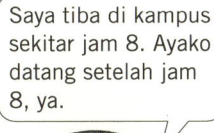

Saya tiba di kampus sekitar jam 8. Ayako datang setelah jam 8, ya.

Ayako memastikan hari dan waktu untuk bertemu.

Telepon 電話

- Kapan tiba di Bali?
  いつバリに着きましたか？
- ◇ Saya ingin bertemu dengan Bapak.
  あなたとお会いしたいのですが。
- Ada masalah apa?
  何か問題でもありましたか？
- ◇ Saya ingin konsultasi dengan Bapak untuk kuliah lanjut saya di Bali.
  バリで勉強を継続するためにあなたと相談したいのですが。
- Kalau begitu kita bertemu di kampus saja.
  それではキャンパスで会いましょう。
- ◇ Bagaimana kalau besok siang?
  明日の昼ではいかがでしょうか？
- ◇ Bisa jam berapa?
  何時なら可能ですか？

93

1 Menelepon Kenalan untuk Janji Bertemu Track 36

Tahap Kedua 今度は彩子になって、電話をかけてみましょう。

Dari mana?

Mohon ditunggu.

Ayako menelepon dosen universitas.

Apa kabar, Ayako?

Baik juga. Kapan tiba di Bali?

Ayako berbicara dengan dosen universitas.

電話をかける際に役立つ表現を覚えましょう。
応用表現

Track 37

◆ Berapa nomor HP-nya?
携帯電話の番号は何番ですか？

◇ Berapa nomor telepon kantornya?
事務所の電話番号は何番ですか？

◆ Berapa nomor telepon rumahnya?
自宅の電話番号は何番ですか？

◇ Tolong sambungkan ke nomor 235.
235番につないでください。

◇ Tolong sambungkan ke kamar 105.
105号室につないでください。

> Boleh-boleh. Ada masalah apa?

> Baik. Kalau begitu kita bertemu di kampus saja.

Ayako membuat janji bertemu dengan dosen universitas.

> Maaf, kalau siang saya menghadiri rapat, tetapi kalau pagi atau sore saya ada waktu.

> Saya tiba di kampus sekitar jam 8. Ayako datang setelah jam 8, ya.

Ayako memastikan hari dan waktu untuk bertemu.

◇ Saya mau telepon interlokal ke Jakarta.
ジャカルタへの市外通話をしたいのですが。

◇ Bisa telepon interlokal langsung dari kamar?
部屋から直接市外電話ができますか？

◇ Saya mau isi pulsa seharga Rp 100.000,-.
10万ルピア分の度数をチャージしたいのですが。

◆ Boleh saya titip pesan?
伝言をお願いしてもいいですか？

◆ Tolong sampaikan kepada dia bahwa ada telepon dari saya.
私から電話があったと彼女に伝えてください。

1 会う約束をするため知人に電話をかける

イラスト1　彩子は大学の教員に電話をかけます。
　　彩子　：　おはようございます。スミヤサさんとお話できますか？
　　秘書　：　どちら様ですか？

イラスト2　彩子　：　日本の大学生の彩子です。
　　秘書　：　お待ちください。

イラスト3　彩子は大学の教員と話をします。
　　スミヤサ　：　彩子，元気ですか？
　　彩子　　　：　元気です，ありがとうございます。お元気ですか？

イラスト4　スミヤサ　：　元気ですよ。いつバリに着きましたか？
　　彩子　　　：　5日前です。

イラスト5　彩子は大学の教員と会う約束をします。
　　彩子　　　：　お会いしたいのですが。
　　スミヤサ　：　いいですよ。何か問題でもありましたか？

イラスト6　彩子　　　：　バリで勉強を継続するためにあなたと相談したいのですが。
　　スミヤサ　：　いいですよ。それではキャンパスで会いましょう。

イラスト7　彩子は会う日と時間を決めます。
　　彩子　　　：　明日の昼ではいかがでしょうか？
　　スミヤサ　：　ごめんなさい，昼は会議に出ますので，朝もしくは夕方なら時間があります。

イラスト8　彩子　　　：　それでは，明日の朝に。何時なら可能ですか？
　　スミヤサ　：　私は8時頃にキャンパスに着きます。彩子は8時以降に来てください。

おもしろ発見＠携帯電話販売店

　携帯電話販売店はいつもお客さんで賑わっています。固定電話を設置するよりも手軽に通信手段を確保できることは，インフラが未整備な環境下において，携帯電話の普及に拍車をかけた一因であろうと思います。携帯電話が出始めた頃は，通話料があまりにも高かったため，pesan singkat（ショートメッセージ）を利用する人が多かったのですが，近年，通話料がかなり安くなり，気軽に通話にも使えるようになりつつあります。日本同様，インドネシアの携帯電話産業も，複数の通信業者がさまざまなプランを展開しています。詳細を把握していればお得に携帯電話を使うことができると思いますが，システムやサービスプラン内容がやや複雑な感が否めません。なお，インドネシアでは携帯電話機そのものが通信業者に依存しませんので，1台の電話機で SIM カードの差し替えにより複数社の携帯電話サービスを利用することができます。また，プリペイド式は利用者の必要に応じて度数を買うことができるため，依然として需要が高いようです。

Telepon　電話

ボキャブラリー

telepon lokal　市内通話	titip pesan　伝言を残す
telepon interlokal　市外通話	nomor telepon rumah　自宅電話番号
HP / ponsel　携帯電話	nomor telepon kantor　会社電話番号
prabayar　プリペイド	nomor HP　携帯電話番号
pascabayar　料金後払い	pesan singkat　ショートメッセージ
pulsa　度数	SMS　ショートメッセージサービス
isi pulsa　度数をチャージする	rapat / *meeting*　会議
sisa pulsa　残度数	urusan　用事
telepon umum　公衆電話	acara ramah-tamah　親睦会
wartel　電話サービス店	pesta　パーティー
warnet　インターネットカフェ	pesta ulang tahun　誕生日パーティー
operator　オペレーター	pesta hari Natal　クリスマスパーティー
pesan　伝言	pesta tahun baru　新年会

2 Mencari Tiket Penerbangan yang Murah ...... 安い航空券を探す　Track 38

Tahap Pertama　彩子は安い航空券を探しています。まずは CD を聴いてみましょう。

- Selamat siang. Bisa saya bantu?
- Saya mencari tiket penerbangan yang murah.
- Ditunggu, saya sambungkan ke bagian pemesanan tiket.
- Terima kasih.

Ayako menelepon sebuah maskapai penerbangan.

- Halo.
- Halo. Tolong berikan saya informasi tentang tiket pesawat yang murah.
- Untuk kapan dan tujuan ke mana?
- Untuk minggu depan tujuan Jakarta.

Ayako berbicara dengan pegawai bagian pemesanan tiket.

重要表現を覚えましょう。
キーフレーズ

◇ Saya mencari tiket penerbangan yang murah.
　安い航空券を探しています。

◇ Tolong berikan saya informasi tentang tiket pesawat yang murah.
　安い航空券に関する情報をいただきたいのですが。

● Kapan Ibu mau berangkat dan tujuan ke mana?
　いつご出発されたいですか，また目的地は？

◇ Untuk minggu depan tujuan Jakarta.
　来週のジャカルタ行きです。

◇ Kira-kira kapan baru ada tiket yang murah?
　だいたいいつ頃ならば安いチケットがありますか？

Bab 4 — 2 — Track 38

Tiket untuk minggu depan, tidak ada yang murah soalnya pas kena cuti bersama.

Kira-kira kapan baru ada tiket yang murah?

Pada awal bulan depan baru ada tiket dengan harga promosi.

O, ya?

Pegawai memberi beberapa informasi kepada Ayako.

Sekarang bisa saya pesan tiket itu?

Maaf, tiket belum bisa dipesan sekarang.

Kapan bisa pesan?

Kami menerima pesanan tiket promosi itu dari tanggal 25 bulan ini.

Ayako memesan tiket.

Telepon 電話

- Pada awal bulan depan baru ada tiket dengan harga promosi.
  来月上旬にキャンペーン価格のチケットがあります。

◇ Sekarang bisa saya pesan tiket itu?
  今そのチケットを予約できますか？

- Maaf, tiket belum bisa dipesan sekarang.
  申し訳ございませんが，チケットは，今はまだご予約いただくことができません。

◇ Kapan bisa pesan?
  いつ予約できますか？

99

2 Mencari Tiket Penerbangan yang Murah　Track 39

Tahap Kedua　今度は彩子になって，安い航空券を探してみましょう。

> Selamat siang. Bisa saya bantu?

> Ditunggu, saya sambungkan ke bagian pemesanan tiket.

Ayako menelepon sebuah maskapai penerbangan.

> Halo.

> Untuk kapan dan tujuan ke mana?

Ayako berbicara dengan pegawai bagian pemesanan tiket.

航空会社に電話をかける際に役立つ表現を覚えましょう。

応用表現

Track 40

◇ Apa ada perubahan pada jadwal penerbangan ini?
このフライトスケジュールに変更はありますか？

◇ Saya tidak bisa berangkat dengan penerbangan yang sudah saya pesan.
予約したフライトで出発できなくなりました。

◇ Saya mau membatalkan tiket ini.
このチケットをキャンセルしたいのですが。

◇ Apa bisa mengubah rencana keberangkatan saya?
私の出発予定を変更できますか？

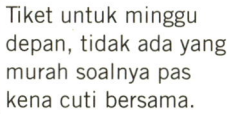

Bab 4 **2** **Track 39**

> Tiket untuk minggu depan, tidak ada yang murah soalnya pas kena cuti bersama.

> Pada awal bulan depan baru ada tiket dengan harga promosi.

Pegawai memberi beberapa informasi kepada Ayako.

> Maaf, tiket belum bisa dipesan sekarang.

> Kami menerima pesanan tiket promosi itu dari tanggal 25 bulan ini.

Ayako memesan tiket.

Telepon 電話

◇ Saya perlu mengundurkan keberangkatan saya.
私の出発を遅らせる必要があります。

◇ Saya ingin memajukan keberangkatan saya.
私の出発を早めたいのですが。

◇ Batas berat bagasinya berapa kilo?
荷物の重量制限は何キロですか？

◇ Bisa pesan kursi via telepon ini?
この電話で座席予約ができますか？

2 安い航空券を探す

- イラスト1　彩子は航空会社に電話をかけます。
  - オペレーター：こんにちは。お伺いいたしましょうか。
  - 彩子：安い航空券を探しているのですが。

- イラスト2　オペレーター：お待ちください。チケット予約部門におつなぎいたします。
  - 彩子：ありがとうございます。

- イラスト3　彩子はチケット予約部門の職員と話をします。
  - 職員：もしもし。
  - 彩子：もしもし。安い航空券に関する情報をいただきたいのですが。

- イラスト4　職員：いつのもので目的地はどちらでしょうか？
  - 彩子：来週のジャカルタ行きです。

- イラスト5　職員は彩子にいくつかの情報を提供します。
  - 職員：来週のチケットは，ちょうど一斉休暇にかかるため安いものがありません。
  - 彩子：だいたいいつ頃ならば安いチケットがありますか？

- イラスト6　職員：来月上旬にキャンペーン価格のチケットがあります。
  - 彩子：へ〜，そうですか？

- イラスト7　彩子はチケットを予約しようとします
  - 彩子：今そのチケットを予約できますか？
  - 職員：申し訳ございませんが，チケットは，今はまだご予約いただくことができません。

- イラスト8　彩子：いつ予約できますか？
  - 職員：そのキャンペーンチケットは，今月25日から予約を受け付けいたします。

おもしろ発見＠航空会社

　インドネシアの民間航空会社は，以前と比較するとかなりの数に増え，各社とも航空運賃をめぐっていろいろな戦略を展開しています。出発までに時間的余裕をもって航空券を予約すれば，正規運賃より割安で飛行機が利用できる，同一目的地へ１日に多数のフライトがある場合には，出発時刻によって運賃に差をつける，イベントや行事などと関連づけ，単発でキャンペーン価格を設定するなど，チケット料金やサービスにさまざまな付加価値を付けて販売されています。インドネシアも確実に情報化社会に変貌しつつあります。日頃からさまざまな情報収集をすることは，便利でお得なサービスを受けるのに大変役立ちます。

Telepon　電話

ボキャブラリー

tiket penerbangan / tiket pesawat　航空券	jadwal penerbangan　フライトスケジュール
mencari tiket yang murah　安いチケットを探す	perubahan　変更
bagian pemesanan tiket　チケット予約部門	mengundurkan　～を遅らせる
harga promosi　キャンペーン価格	memajukan　～を早める
tiket promosi　キャンペーンチケット	berat bagasi　荷物の重さ
tujuan　目的地	ukuran bagasi　荷物のサイズ
cuti bersama　一斉休暇	isi bagasi　荷物の中身
membatalkan tiket　チケットをキャンセルする	barang pecah-belah　割れ物

3 Memesan Masakan Via Telepon ······ 電話で料理を注文する　Track 41

Tahap Pertama　彩子は食べ物を注文します。まずは CD を聴いてみましょう。

> Halo, di situ ada layanan pesan antar?

> Ya, kami menerima pesanan via telepon. Alamat Ibu di mana?

> Hotel Sari Agung di Jl. Danau Poso No.7.

> Saya ulangi, Bu. Hotel Sari Agung di Jl. Danau Poso No.7.

Ayako menelepon sebuah rumah makan.

> Mau pesan apa?

> Ayam panggang, tumis sayur hijau, kerupuk udang, dan nasi putih.

> Berapa porsi?

> Masing-masing satu porsi.

Ayako memesan masakan.

重要表現を覚えましょう。
キーフレーズ

◇ Halo, di situ ada layanan pesan antar?
もしもし，そちらはデリバリーサービスがありますか。

● Berapa porsi?
何人前ですか。

◇ Masing-masing satu porsi.
それぞれ 1 人前ずつです。

◇ Kira-kira jam berapa pesanan saya sampai di sini?
だいたい何時頃に私の注文品がここに届きますか。

◇ Baik, saya tunggu.
わかりました。待っています。

Bab 4 **3** **Track 41**

> Kira-kira jam berapa pesanan saya sampai di sini?

> Diperkirakan sekitar 30 menit kemudian.

> Baik, saya tunggu.

> Terima kasih banyak atas teleponnya.

Ayako menanyakan lama waktunya masakan diantar ke hotel.

> Pesanan saya tadi belum sampai ke sini.

> Pesanan sedang di perjalanan, Bu.

> Masih lama?

> Tidak, Bu. Tidak lama lagi akan sampai.

Ayako menelepon rumah makan karena pesanan belum sampai.

Telepon 電話

◇ Pesanan saya tadi belum sampai ke sini.
さきほどの私の注文品が，まだこちらへ届いていません。

◇ Masih lama?
まだ（時間が）かかりますか？

3 Memesan Masakan Via Telepon Track 42

Tahap Kedua 今度は彩子になって，食べ物を電話で注文してみましょう。

Ya, kami menerima pesanan via telepon. Alamat Ibu di mana?

Saya ulangi, Bu. Hotel Sari Agung di Jl. Danau Poso No.7.

Ayako menelepon sebuah rumah makan.

Mau pesan apa?

Berapa porsi?

Ayako memesan masakan.

電話でデリバリーを頼む際に役立つ表現を覚えましょう。

応用表現

Track 43

◇ Tolong sambalnya dipisahkan.
サンバルは別にしてください。

◇ Jangan terlalu pedas, ya.
辛くしすぎないでください。

◇ Masakan itu memakai daging babi?
その料理には豚肉を使っていますか？

◇ Masakannya halal?
料理はハラールですか？

◇ Menu apa yang direkomendasikan?
おすすめのメニューは何ですか？

◇ Apa keistimewaan dari masakan ini?
この料理の特徴は何ですか？

Bab 4 · 3 · Track 42

Diperkirakan sekitar 30 menit kemudian.

Terima kasih banyak atas teleponnya.

Ayako menanyakan lama waktunya masakan diantar ke hotel.

Pesanan sedang di perjalanan, Bu.

Tidak, Bu. Tidak lama lagi akan sampai.

Ayako menelepon rumah makan karena pesanan belum sampai.

◇ Tolong diantar secepatnya.
できる限り早く配達してください。

3 電話で料理を注文する

イラスト1 彩子はある食堂に電話をかけます。
彩子 ： もしもし，そちらはデリバリーサービスがありますか？
店員 ： はい，私どもでは電話でのご注文をお受けいたしております。あなたのご住所は？

イラスト2 彩子 ： ダナウ・ポソ通り7番のホテル・サリ・アグンです。
店員 ： 繰り返します。ダナウ・ポソ通り7番のホテル・サリ・アグンですね？

イラスト3 彩子は料理を注文します。
店員 ： 何をご注文されますか？
彩子 ： グリルドチキン，青野菜炒め，エビせんべいとご飯。

イラスト4 店員 ： 何人前ですか？
彩子 ： それぞれ1人前で。

イラスト5 彩子はホテルへ配達されるまでの時間を尋ねます。
彩子 ： だいたい何時頃，私の注文品がここに届きますか？
店員 ： およそ30分後を予定しています。

イラスト6 彩子 ： わかりました。待っています。
店員 ： お電話ありがとうございました。

イラスト7 彩子は注文品が届かないので食堂に電話をかけます。
彩子 ： さきほどの私の注文品が，まだこちらへ届いていません。
店員 ： あなたのご注文品は，ただ今配達途中です。

イラスト8 彩子 ： まだ（時間が）かかりますか？
店員 ： いいえ，もう間もなく到着すると思います。

おもしろ発見＠ファーストフード店

　ケンタッキーやピザ屋さんはもちろんのこと，インドネシアでは日本よりもかなり前からマクドナルドでもデリバリーサービスがあります。電話で注文すると，専用バイクで指定の場所に配達してもらえるので便利です。日本では100円で食べられるハンバーガーがありますが，インドネシアのファーストフードのメニューを見ると，普通の食事をするのと変わりない金額で，量に対して価格が割高な食事のように思います。もう1つ，インドネシアのマクドナルドには，フライドチキンとライスのセットメニューがあります。やはり，インドネシア人にとってmakan（食べる）の基本はご飯なのでしょうか。

Telepon 電話

ボキャブラリー

layanan pesan antar　デリバリーサービス	asin　塩辛い
daftar menu　メニュー	asam　酸っぱい
masakan　料理	asam manis　甘酢
minuman　飲み物	pahit　苦い
minuman keras　お酒	rasa mentega　バター風味
panggang　グリル，照り焼き	rasa lada hitam　黒こしょう風味
goreng　フライ	rasa keju　チーズ風味
goreng tepung　天ぷら	kecap manis　甘ダレ
porsi　〜人前	kecap asin　醤油
tumis　炒め	kecap ikan　魚醤
pedas　辛い	sambal　サンバル
manis　甘い	

4 Menelepon Kantor Polisi ……警察署に電話をかける　Track 44

Tahap Pertama 彩子は警察署に電話をかけます。まずは CD を聴いてみましょう。

Halo, teman saya ditabrak motor.

Posisi Ibu di mana sekarang?

Di Jl. Sudirman.

Kami segera datang.

Ayako menelepon kantor polisi.

Yang mengendarai motor ada di situ?

Tidak, mereka sudah lari.

Ibu bisa menyebutkan ciri-ciri mereka?

Saya tidak bisa menyebutkan ciri-cirinya karena kedua-duanya mengenakan helm.

Operator kantor polisi menanyakan suasana lokasi kecelakaan.

重要表現を覚えましょう。
キーフレーズ

◇ Halo, teman saya ditabrak motor.
もしもし、私の友人がバイクにはねられました。

● Posisi Ibu di mana sekarang?
あなたの現在地はどこですか？

◇ Mereka sudah lari.
彼らは逃げました。

◇ Saya tidak bisa menyebutkan ciri-cirinya.
彼らの特徴を言うことができません。

◇ Halo, teman saya luka karena kecelakaan motor.
私の友人がバイク事故に遭い怪我をしました。

◇ Kelihatan pendarahan yang cukup berat dari bagian kepalanya.
頭部にかなりの出血が見られます。

Bab 4 **4** **Track 44**

Halo, teman saya luka karena kecelakaan motor di Jl.Sudirman.

Dekat mana?

Di depan kantor pos.

Baik, segera kami kirim mobil ambulans.

Ayako memanggil mobil ambulans .

Teman Ibu saat ini sadar?

Ya, tetapi kelihatan pendarahan yang cukup berat dari bagian kepalanya dan nampaknya tulang lengannya patah.

Baik, Ibu jangan pindahkan posisi korban itu, ya.

Baik.

Operator menanyakan kondisi korban kecelakaan.

◇ Nampaknya tulang lengannya patah.
腕の骨が折れているようです。

Telepon 電話

4 Menelepon Kantor Polisi

Track 45

Tahap Kedua 今度は彩子になって，警察署や救急車を呼ぶ電話をかけてみましょう。

Posisi Ibu di mana sekarang?

Kami segera datang.

Ayako menelepon kantor polisi.

Yang mengendarai motor ada di situ?

Ibu bisa menyebutkan ciri-ciri mereka?

Operator kantor polisi menanyakan suasana lokasi kecelakaan.

事件や事故に遭遇した際に役立つ表現を覚えましょう。

応用表現

Track 46

◇ Saya kecurian tas di *food court*.
フードコートで鞄を盗まれました。

◇ Saya kecopetan dompet di gedung bioskop.
映画館で財布をすられました。

◇ Teman saya dirampok di depan bank.
友達が銀行の前で強盗に遭いました。

◇ Mobil saya mogok.
私の車がエンジン故障しました。

◇ Kami menabrak orang.
私たちは人をはねました。

Bab 4 **4** Track 45

"Dekat mana?"

"Baik, segera kami kirim mobil ambulans."

Ayako memanggil mobil ambulans.

"Teman Ibu saat ini sadar?"

"Baik, Ibu jangan pindahkan posisi korban itu, ya."

Operator menanyakan kondisi korban kecelakaan.

Telepon 電話

◇ Nampaknya korban itu sudah tidak bernyawa.
その被害者は亡くなっているようです。

◇ Korban itu menderita luka berat.
その被害者は重傷を負っています。

◇ Korban itu tidak sadarkan diri.
その被害者は意識不明です。

4 警察署に電話をかける

(イラスト1) 彩子は警察署に電話をかけます。
 彩子 ： もしもし，私の友人がバイクにはねられました。

(イラスト2) オペレーター： あなたの現在地はどこですか？
 彩子 ： スディルマン通りです。
 オペレーター： 直ちに向かいます。

(イラスト3) 警察署のオペレーターは事故現場の様子を聞きます。
 オペレーター： バイクを運転していた人は，そこにいますか？
 彩子 ： いいえ，彼らは逃げました。

(イラスト4) オペレーター： あなたは彼らの特徴を言えますか？
 彩子 ： 2人ともヘルメットをかぶっていたので，彼らの特徴も言うことができません。

(イラスト5) 彩子は救急車を呼びます。
 彩子： もしもし，私の友人がスディルマン通りでバイク事故のため怪我をしました。

(イラスト6) オペレーター： どこの近くですか？
 彩子 ： 郵便局の前です。
 オペレーター： わかりました。直ちに救急車を向かわせます。

(イラスト7) オペレーターは事故の被害者の状態を聞きます。
 オペレーター： あなたの友人は，現在意識がありますか？
 彩子 ： はい，でも頭部にかなりの出血が見られ，また腕の骨が折れているようです。

(イラスト8) オペレーター： わかりました。その被害者を動かさないでくださいね。
 彩子 ： わかりました。

おもしろ発見＠道路事情

　インドネシアの都市部の道路事情を観察すると，日本のように歩行者や自転車に乗る人は多くなく，バス，バイク，自動車の利用者が多いことに気づきます。炎天下を歩くのは辛いのと，大通りから小さな路地までを網羅するバスが発達していること，もう一つにはドライバーのマナーや歩道のメンテナンスが不十分であることも，歩行者や自転車に乗る人が少ない背景ではないかと思います。特にバリ島ではおびただしいバイクの数と，二人乗り，三人乗りのバイクは珍しくない上に，急発進するのが当たり前。道路は歩行者優先ではなく，乗り物優先のように見えます。また，歩道はあるものの側溝の上の蓋が割れていたり，折れていたり，斜めになっていたり，ときに穴があいているなど，安心して歩ける状態になっていません。「日本にいたらこのくらいの距離は歩くのだけれど…」と運転手に話すと，「インドネシアは歩道のメンテナンスが悪いから，歩くのが面倒になるんですよね。」と笑っていました。

Telepon 電話

ボキャブラリー

kecelakaan lalu lintas　交通事故	tewas　（事故などで）死亡する
kecelakaan mobil　自動車事故	tewas seketika　即死する
kecelakaan motor　バイク事故	pendarahan　出血
kantor polisi　警察署	patah tulang　骨折
mobil ambulans　救急車	pejalan kaki　歩行者
cedera　怪我，負傷する	kecurian　盗難
luka berat / cedera berat　重傷	kecopetan　スリ
luka ringan / cedera ringan　軽傷	perampokan　強盗
sadar　意識がある	kebakaran　火災
tidak sadarkan diri　意識不明になる，意識を失う	penipuan　詐欺

Tata Bahasa

❶ me- 動詞

　語根に接頭辞 me- が付いている動詞を me- 動詞と言います。me- 動詞は，一般に他動詞に分類され，目的語を必要とする動詞です。下に語根の品詞ごとに me- 動詞を示します。接頭辞 me- は，語根の先頭文字により，綴りの変化があります。

● 接頭辞 me- の綴り変化規則表

接頭辞 me- の綴り	語根の先頭文字	単語例
me-	l, m, n, r, w, y, ng, ny	melihat, memasak
mem-	b, f, (p), v	membeli, memesan
men-	c, d, j, (t), z, sy	mencari, menukar
meng-	a, i, u, e, o, g, h, (k), kh	mengambil, mengirim
meny-	(s)	menyapa, menyapu
menge-	一音節から成る語根	mengecat, mengepak

＊p で始まる語根は p が消えます　　pesan　→ memesan
＊t で始まる語根は t が消えます　　tukar　→ menukar
＊k で始まる語根は k が消えます　　kirim　→ mengirim
＊s で始まる語根は s が消えます　　sapa　→ menyapa
＊一音節から成る語根の場合，先頭文字とは無関係に menge- の形を使います。

● 語根が動詞のパターン

　ほとんどの場合，接頭辞のあるなしにより，語根と派生語の間に意味の違いがありません。会話では接頭辞を付けない形で使われることが多いです。

Dia lihat bunga itu. = Dia melihat bunga itu.　彼女はその花を見ています。
Saya masak nasi goreng. = Saya memasak nasi goreng.　私はナシゴレン(焼き飯)を作ります。

● 語根が名詞のパターン

　接頭辞がない場合は名詞として使われますが，接頭辞 me- が付くことにより，「～で～する」「～を作る」「～として生きる，生活する」「～のようになる」「～へ向かう」「～を飲む，吸う」という意味に変化します。

Kakak perempuan saya menyapu halaman depan.　私の姉は，前庭をほうきで掃きます。
(sapu ほうき　→　menyapu ほうきで掃く)

Orang-orang menyemut di toko itu.　人々がその店に群がっています。
(semut 蟻　→　menyemut 蟻のように群がる)

Kita mengopi di warung tadi siang.　昼間，私たちは屋台でコーヒーを飲みました。
(kopi コーヒー　→　mengopi コーヒーを飲む)

● 語根が形容詞のパターン

　接頭辞 me- が付くことにより，「(形容詞の状態に) なる」という意味に変化します。

Sejak dua hari yang lalu tekanan darah ayah saya meninggi.
２日前から私の父の血圧が高くなってきました。(tinggi 高い → meninggi 高まる)

❷ 命令文

依頼，勧誘など，日常会話でよく使う命令文の作り方を覚えましょう。

● ～しなさい①：動詞をそのまま使います。
Duduk!　座りなさい。
Masuk!　入りなさい。

● ～しなさい②：動詞の後ろに lah を付けて使います。-lah を付ける方が，付けないよりもていねいであると解釈されます。
Pergilah!　行きなさい。
Ambillah!　取りなさい。

● どうぞ～してください：話し相手の利益になるよう何かを勧める場合の表現です。「Silakan ＋勧める動作」で文章を作ります。
Silakan masuk.　どうぞお入りください。
Silakan minum.　どうぞお飲みください。
＊Silakan の後ろに使う動詞が me- 動詞の場合，接頭辞 me- は外します。ただし，merokok のような me-＋名詞による動詞の場合は，me- はそのまま付けて使います。また，接尾辞 -kan などは，そのまま残します。

● ～してください：自分（話し手自身）のために何かをしてほしい時に使う表現です。「Tolong ＋してほしい動作」で文章を作ります。
Tolong panggilkan taksi.　タクシーを呼んでください。
Tolong sampaikan pesan saya.　私の伝言を伝えてください。
＊Tolong の後ろに使う動詞が me- 動詞の場合，接頭辞 me- は外します。接尾辞 -kan などは，そのまま残します。

● ～をください：自分（話し手自身）のために何かを願う，乞う時に使う表現です。「Minta＋欲しいこと／欲しいもの」で文章を作ります。
Minta garpu dan sendok.　フォークとスプーンをください。
Minta kartu nama.　名刺をいただけませんか？

● ～してごらんなさい：話し相手に何か物事を試してみるよう勧める時に使う表現です。「Coba＋試す動作」で文章を作ります。
Coba makan sedikit.　少し食べてごらんなさい。
Coba tanya di situ.　そこで尋ねてごらんなさい。

● ～しましょう：話し相手を誘って，自分も一緒に何かをしようという時に使う表現です。「Mari＋kita＋一緒にする動作」で文章を作ります。
Mari kita makan!　食べましょう。
Mari kita pergi!　行きましょう。
＊kita は省略可能です。
＊Mari saya ～！と言うと，「私が～いたしましょう」という意味になります。
　Mari saya angkat!　私がお持ちいたしましょう。
＊Biar saya ～！と言うと，「私に～させてください」という意味になります。
　Biar saya bayar!　私に払わせてください。

イラスト辞書

jadwal penerbangan フライトスケジュール

jalur 路線

paket tur パッケージツアー

tiket promosi プロモーションチケット

pelayan 店員

kapal feri フェーリー船

karcis nomor 番号札

kartu kredit クレジットカード

kupon クーポン

kapal laut 船

buka 24 jam 24時間営業

HP 携帯電話

nomor telepon 電話番号

alamat 住所

porsi ～人前

telepon 電話

menu メニュー

pesan antar デリバリー

kantor polisi 警察署 110

dinas pemadam kebakaran 消防署 113

pos polisi 交番

kecelakaan lalu lintas 交通事故

mobil pemadam kebakaran 消防車

Dinas padam kebakaran 火災

ambulans 救急車

unit gawat dan darurat 救急部

rumah sakit 病院

118

Bab 5

Track 47-55

Persiapan untuk Kehidupan di Bali
バリでの生活の準備

1. **Menyewa Kendaraan** — 乗り物をレンタルする
2. **Mencari Kost** — 住居を探す
3. **Membeli Perabot Rumah** — 家具を買う

1 Menyewa Kendaraan …… 乗り物をレンタルする　Track 47

Tahap Pertama　彩子はバイクをレンタルします。まずは CD を聴いてみましょう。

> Saya mau menyewa sepeda motor.

> Ibu punya SIM?

> Ini SIM saya.

> Saya fotocopy dulu, ya.

Ayako datang ke sebuah agen jasa penyewaan kendaraan.

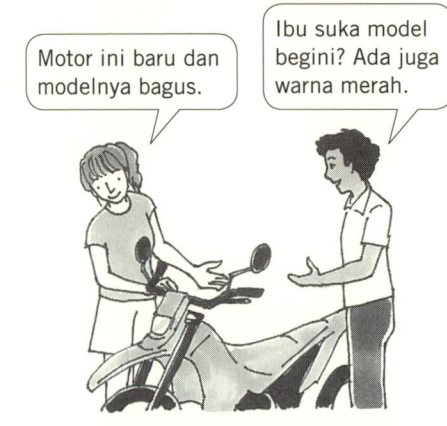

> Motor ini baru dan modelnya bagus.

> Ibu suka model begini? Ada juga warna merah.

> Saya suka warna biru.

> Motor ini cocok untuk Ibu.

Ayako memilih sepeda motor.

重要表現を覚えましょう。
キーフレーズ

◇ Saya mau menyewa sepeda motor.
バイクをレンタルしたいのですが。

◇ Ini SIM saya.
これは私の運転免許証です。

◇ Sepeda motor ini baru dan modelnya bagus.
このバイクは新しくてデザインが良いです。

◇ Saya suka warna biru.
私は青い色が好きです。

● Sepeda motor ini modelnya lebih baru daripada sepeda motor itu.
このバイクはデザインがあのバイクよりも新しいです。

Bab 5 **1** Track 47

"Sepeda motor ini modelnya lebih baru daripada sepeda motor itu."

"Saya tidak suka model sepeda motor ini."

"Apa karena terlalu besar?"

"Ya. Saya lebih suka yang kecil."

Pegawai menawarkan sepeda motor lain.

"Yang mana paling murah biaya sewanya?"

"Yang paling murah adalah sepeda motor itu."

"Berapa sewa sepeda motor yang saya pilih?"

"Rp 70.000 per hari."

Ayako menanyai pegawai biaya sewa sepeda motor.

◇ Saya tidak suka model sepeda motor ini.
　私はこのバイクのデザインが嫌いです。

◇ Yang mana paling murah biaya sewanya?
　どれがいちばんレンタル料が安いですか？

◇ Berapa sewa sepeda motor yang saya pilih?
　私が選んだバイクのレンタル料はいくらですか？

Persiapan untuk Kehidupan di Bali バリでの生活の準備

1 Menyewa Kendaraan

Track 48

Tahap Kedua 今度は彩子になって、バイクをレンタルしてみましょう。

Ibu punya SIM?

Saya fotocopy dulu, ya.

Ayako datang ke sebuah agen jasa penyewaan kendaraan.

Ibu suka model begini? Ada juga warna merah.

Motor ini cocok untuk Ibu.

Ayako memilih sepeda motor.

乗り物をレンタルする際に役立つ表現を覚えましょう。

応用表現

Track 49

◇ Sudah berapa lama sepeda motor ini disewakan?
もうどのくらいの期間、このバイクをレンタルしましたか？

◇ Kira-kira sepeda motor ini menghabiskan berapa banyak bensin per kilometer?
だいたいこのバイクは、キロあたりどのくらいのガソリンを消費しますか？

◇ Biaya sewa sepeda motor ini sudah termasuk asuransi?
このバイクのレンタル料には、保険料が含まれていますか？

Bab 5 **1** Track 48

> Sepeda motor ini modelnya lebih baru daripada sepeda motor itu.

> Apa karena terlalu besar?

Pegawai menawarkan sepeda motor lain.

> Yang paling murah adalah sepeda motor itu.

> Rp 70.000 per hari.

Ayako menanyai pegawai biaya sewa sepeda motor.

Persiapan untuk Kehidupan di Bali／バリでの生活の準備

◇ Apakah dapat korting kalau saya menyewa dalam jangka waktu lama?
仮に長期間レンタルした場合，値引きされますか？

◇ Saya mau menyewa mobil dengan sopir.
私は運転手付きの車をレンタルしたいです。

◇ Biaya sewa mobil dengan sopir sudah termasuk biaya bensin dan gaji sopir?
運転手付きの車のレンタル料には，ガソリン代と運転手の給料は含まれていますか？

1 乗り物をレンタルする

- イラスト1　彩子は乗り物レンタルサービスのエージェントへ行きます。
  - 彩子　：　バイクをレンタルしたいのですが。
  - 社員　：　免許はお持ちですか？

- イラスト2
  - 彩子　：　これは私の運転免許証です。
  - 社員　：　コピーいたします。

- イラスト3　彩子はバイクを選びます。
  - 彩子　：　このバイクは新しくてデザインが良いです。
  - 社員　：　あなたはこのようなデザインがお好きですか？　赤い色もあります。

- イラスト4
  - 彩子　：　私は青い色が好きです。
  - 社員　：　このバイクはあなたに似合っています。

- イラスト5　社員は他のバイクを勧めます。
  - 社員　：　このバイクはデザインがあのバイクよりも新しいです。
  - 彩子　：　私はこのバイクのデザインが嫌いです。

- イラスト6
  - 社員　：　大きすぎるからですか？
  - 彩子　：　はい。私は小さい方が好きです。

- イラスト7　彩子は社員にバイクのレンタル料を尋ねます。
  - 彩子　：　レンタル料が一番安いのはどれですか？
  - 社員　：　いちばん安いのはそのバイクです。

- イラスト8
  - 彩子　：　私が選んだバイクのレンタル料はいくらですか？
  - 社員　：　1日7万ルピアです。

おもしろ発見＠乗り物レンタルサービス

　短期の観光滞在の際は，移動手段として運転手付きで車をレンタルするか，犯罪や不正などのクレームが少なく評判のよいタクシーを使うのが賢明です。バリ島では，長期滞在者の多くはバイクを購入，またはレンタルし，自分で運転する人が多いようです。バリ島のバイク人口は想像を絶するものがあります。さらに，1台のバイクに一家3人，4人がまたがって移動する光景も珍しくありません。日本より運転マナーが良いとは思えませんので，バイクにしろ車にしろ，自分で運転するのはよほど道路事情を理解してからでないと，思わぬ事故のもとになります。なお，バリ島南部エリアでは流しのタクシーが多く，どのタクシーもおおむね安全に移動する手段として使うことができます。注意すべき点は，乗車直後にメーターが作動しているかどうか確認することです。また，観光地や商店周辺で私服で客引きをする男性がいますが，このようなケースは料金交渉制ですので，うっかり話にのってしまうと，後で法外な料金を請求されかねませんので要注意です。

ボキャブラリー

menyewa sepeda motor / menyewa motor	バイクをレンタルする	rem	ブレーキ
menyewa mobil	車をレンタルする	setir	ハンドル
menyewa sepeda	自転車をレンタルする	AC	エアコン
SIM	運転免許証	AKI	バッテリー
sopir	運転手	ban	タイヤ
asuransi	保険	ban kempes	パンク
bensin	ガソリン	ban serep	スペアタイヤ
pompa bensin	ガソリンスタンド	bengkel	自動車修理工場

2　Mencari Kost …… 住居を探す　　Track 50

Tahap Pertama　彩子は住居を探します。まずは CD を聴いてみましょう。

> Saya mencari kost di daerah Renon.

> Ayako harus mencarinya di daerah Renon?

> Ya, karena dekat dengan kampus.

> Di daerah itu biaya kostnya mahal sekali karena kawasan perumahan elit.

Ayako mencari kost di dekat kampus.

> Yang mana lebih murah di daerah Renon atau daerah Sanur?

> Biaya kost di daerah Renon sama mahalnya dengan di daerah Sanur.

> Saya mau yang murah dan praktis untuk pergi kuliah.

> Bagaimana kalau di daerah Sesetan?

Ayako mencari informasi mengenai kost.

🔑 重要表現を覚えましょう。
キーフレーズ

◇ Saya mencari kost di daerah Renon.
　ルノン地域で住居を探しています。

● Biaya kost di daerah Renon sama mahalnya dengan di daerah Sanur.
　ルノン地域の住居費はサヌール地域と同じくらい高いです。

◇ Kamar ini sama luasnya dengan kamar di lantai dua?
　この部屋は2階の部屋と同じ広さですか？

● Kamar ini seluas kamar di atas.
　この部屋は上の部屋と同じ広さです。

◇ Saya kurang suka kost ini karena kamar mandinya kurang bersih.
　私は浴室があまり清潔ではないので、この住居はあまり好きではありません。

Bab 5 **2** Track 50

- Kamar ini sama luasnya dengan kamar di lantai dua?
- Ya, kamar ini seluas kamar di atas.
- Biaya kostnya sama juga?
- Tidak, yang di atas lebih mahal sedikit karena pemandangannya bagus.

Ayako melihat beberapa kost.

- Saya kurang suka kost ini karena kamar mandinya kurang bersih.
- Sebelum pindah ke kost ini akan dibersihkan.
- Daerah ini tidak begitu nyaman karena bising.
- Ya, dan kamar ini gelap.

Ayako bimbang karena kondisi kost kurang memuaskan.

Persiapan untuk Kehidupan di Bali　バリでの生活の準備

◇ Daerah ini tidak begitu nyaman karena bising.
この地域は騒々しいので，それほど快適ではありません。

2 Mencari Kost

Track 51

Tahap Kedua 今度は彩子になって住居を探してみましょう。

— Ayako harus mencarinya di daerah Renon?

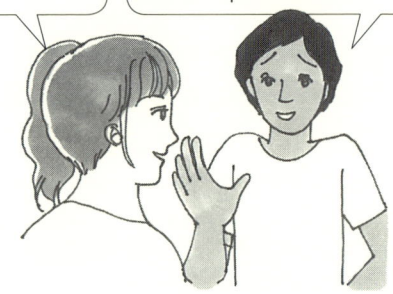

— Di daerah itu biaya kostnya mahal sekali karena kawasan perumahan elit.

Ayako mencari kost di dekat kampus.

— Biaya kost di daerah Renon sama mahalnya dengan di daerah Sanur.

— Bagaimana kalau di daerah Sesetan?

Ayako mencari informasi mengenai kost.

下宿や家を探す際に役立つ表現を覚えましょう。

応用表現

Track 52

◇ Apakah biaya listrik di luar pembayaran biaya kost?
電気料金は住居費以外の支払いですか？

◇ Apakah tabung gas di dapur saya yang beli?
台所のガスボンベは私が買うのですか？

◇ Tetangganya kalangan mahasiswa?
隣は大学生ですか？

◇ Mulai kapan saya bisa tinggal di sini?
いつからここに住めますか？

Ayako melihat beberapa kost.

- "Ya, kamar ini seluas kamar di atas."
- "Tidak, yang di atas lebih mahal sedikit karena pemandangannya bagus."
- "Sebelum pindah ke kost ini akan dibersihkan."
- "Ya, dan kamar ini gelap."

Ayako bimbang karena kondisi kost kurang memuaskan.

◇ Tolong bersihkan seluruhnya sebelum saya pindah ke sini.
私がここに引っ越す前に全体を掃除してください。

◇ Tolong ganti bak cuci karena sudah retak.
ひび割れしていますので，洗面台を交換してください。

◇ Tolong ganti korset karena terlalu kotor.
汚すぎるので，便器を交換してください。

2 住居を探す

イラスト1　彩子はキャンパスの近くに住居を探します。
　　　　　彩子　：　ルノン地域で住居を探しているの。
　　　　　友人　：　彩子はルノン地域で探さなければならないの？

イラスト2　彩子　：　ええ，なぜならキャンパスに近いから。
　　　　　友人　：　その地域は高級住宅地域なので，住居費がとても高いよ。

イラスト3　彩子は住居について情報を集めます。
　　　　　彩子　：　ルノン地域とサヌール地域では，どちらがより安いかな？
　　　　　友人　：　ルノン地域の住居費はサヌール地域と同じくらい高いよ。

イラスト4　彩子　：　私は，安くて講義に通うのに便利な方がいいな。
　　　　　友人　：　セセタン地域ではどう？

イラスト5　彩子はいくつかの住居を見ます。
　　　　　彩子　　　　　：　この部屋は2階の部屋と同じ広さですか？
　　　　　部屋の管理者　：　はい，この部屋は上の部屋と同じ広さです。

イラスト6　彩子　　　　　：　住居費も同じですか？
　　　　　部屋の管理者　：　いいえ，上の方は景色が良いので少し高いです。

イラスト7　彩子はあまり満足できず迷っています。
　　　　　彩子　：　浴室があまり清潔ではないので，私はこの住居はあまり好きではないわ。
　　　　　友人　：　この住居に引っ越す前にきれいにするでしょう。

イラスト8　彩子　：　この地域は騒々しいので，それほど快適ではないわね。
　　　　　友人　：　うん，それに，この部屋は暗いね。

おもしろ発見＠宿探し

　長期旅行や留学，仕事などで長期滞在する場合は，インドネシアに到着後数日分の宿を予め予約しておき，滞在中に宿探しをするのがよいでしょう。一軒家の場合は，その住宅街には主にどのような層の人が居住しているかを知ることは大事ですし，ロスメンや住居などを探す際には，物件の周辺環境が日中と夜とではどのような様子の違いがあるか観察することは必須です。日本と違い，昼間は普通の商店や修理工場をやっているのに，夕方店が閉まると屋台風の料理店が場所を借りて出店するなど，昼夜の雰囲気が一変することは珍しくありません。徒歩圏内にちょっとした日用品を調達できるような雑貨屋があるか，物件は水回りに故障がなく正常に使えるか，雨漏りの跡がないかなどは重要チェック事項でしょう。一般に，賃貸期間が長ければ月ごとの賃貸料が割安になりますが，最初からあまり長い期間を契約せず，様子を見ながら納得できる環境であれば，その時点で長期契約を結ぶことをお勧めします。

　インドネシアで留学生活を送る人の中には，kostと言われる住居を利用するケースが多く見られます。一軒家の中の一室を借りるものや，一軒家の離れを借りるタイプ，あるいはアパートのようになっている建物の一区画を借りるタイプまで，住空間の形態はさまざまです。食事や掃除，洗濯がついている場合もありますし，部屋ごとに簡単な台所が付いていて，自分で料理ができるようになっている物件もあります。学生向けのkostでは，まかないの人が住んでいたり，掃除，洗濯をする家政婦さんが住んでいることもあります。大家さんは，一般的にIbu kostと呼ばれ，女性が住人の状況を把握していることが多いようです。

ボキャブラリー

kost　住居	tempat tidur　ベッド
mengontrak rumah　家を賃貸契約する	kasur　マットレス
menyewa kontrakan　住居を借りる	lampu neon / lampu TL　蛍光灯
gas (LPG / elpiji)　ガス	lampu senter　懐中電灯
tabung gas　ガスボンベ	lilin　ろうそく
kompor masak　調理コンロ	kebocoran　漏水
kamar mandi　浴室	kerusakan　破損
kamar kecil　トイレ	perbaikan　修理，修繕
bak mandi　浴槽	ganti ...　〜を交換する
bak cuci piring　（台所の）流し台	memasang ...　〜を設置する
mebel　家具	

3 Membeli Perabot Rumah …… 家具を買う Track 53

Tahap Pertama 彩子は家具を買いに行きます。まずは CD を聴いてみましょう。

— Lemari baju ini agak kecil.
— Yang di sebelahnya agak besar.

— Tetapi harganya agak mahal, ya.
— Ya, karena selain ukuran, bahannya juga agak bagus.

Ayako datang ke sebuah toko mebel.

— Kasur itu cukup lembut.
— Kasur itu laris, Ibu.

— Kasur itu cukup kuat?
— Ya, saya jamin. Mutunya cukup baik sehingga tahan lama.

Ayako melihat tempat tidur.

🔑 重要表現を覚えましょう。
キーフレーズ

◇ **Lemari baju ini agak kecil.**
この洋服ダンスはやや小さいです。

◇ **Harganya agak mahal.**
値段がやや高いです。

● **Selain ukuran, bahannya juga agak bagus.**
サイズの他に，素材もやや良いです。

◇ **Kasur itu cukup lembut.**
あのマットレスは結構柔らかいです。

● **Kasur itu laris.**
あのマットレスは売れ行きがよいです。

◇ **Kasur itu cukup kuat?**
あのマットレスは十分に丈夫ですか？

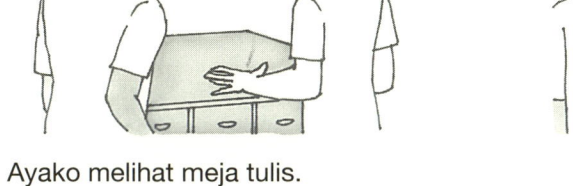

Bab 5 ③ **Track 53**

> Ibu senang meja tulis ini?

> Saya suka modelnya, tetapi tidak suka warna catnya.

> Warna ini kecokelat-cokelatan.

> Saya suka warna asli kayu.

Ayako melihat meja tulis.

- Mutunya cukup baik sehingga tahan lama.
  質が十分に良いので長持ちします。
- Warna ini kecokelat-cokelatan.
  この色は茶色みがかっています。

3 Membeli Perabot Rumah

Track 54

Tahap Kedua 今度は彩子になって、家具店に行ってみましょう。

> Yang di sebelahnya agak besar.

> Ya, karena selain ukuran, bahannya juga agak bagus.

Ayako datang ke sebuah toko mebel.

> Kasur itu laris, Ibu.

> Ya, saya jamin. Mutunya cukup baik sehingga tahan lama.

Ayako melihat tempat tidur.

生活用品を買う際に役立つ表現を覚えましょう。

応用表現

Track 55

◇ Apakah tempat tidur ini bergaransi?
このベッドは保証付きですか？

◇ Berapa lama masa garansinya?
保証期間はどれくらいですか？

◇ Apakah lemari baju ini bisa diantar ke rumah saya?
この洋服ダンスは自宅へ配送してもらえますか？

◇ Saya rasa bahan ini mudah retak.
この素材は簡単にひび割れすると思います。

◇ Permukaan meja ini tidak halus.
この机の表面は滑らかではありません。

Bab 5　3　Track 54

"Ibu senang meja tulis ini?"

"Warna ini kecokelat-cokelatan."

Ayako melihat meja tulis.

◇ Kursi itu miring.
　あの椅子は斜めに傾いています。

3 家具を買う

(イラスト1) 彩子は一軒の家具店に来ました。
　　　　　彩子　：　この洋服ダンスは，やや小さいです。
　　　　　店員　：　その横のは，やや大きいです。

(イラスト2) 彩子　：　でも，値段がやや高いですね。
　　　　　店員　：　はい，サイズの他に素材もやや良いですから。

(イラスト3) 彩子はベッドを見ます。
　　　　　彩子　：　あのマットレスは結構柔らかいです。
　　　　　店員　：　あのマットレスは売れ行きが良いです。

(イラスト4) 彩子　：　あのマットレスは十分に丈夫ですか？
　　　　　店員　：　はい，保証します。質が十分に良いので長持ちします。

(イラスト5) 彩子は勉強机を見ます。
　　　　　店員　：　この勉強机がお好きですか？
　　　　　彩子　：　デザインは好きですが，塗装の色が嫌いです。

(イラスト6) 店員　：　この色はやや茶色みがかっています。
　　　　　彩子　：　私は木材本来の色が好きです。

おもしろ発見＠日用品調達

　近年，インドネシアではチェーン店展開する大型量販店が増え，伝統的な市場で買い物をしていた頃よりも便利になりました。また，街にはコンビニエンスストアも増え，日本とほぼ変わらない品揃えです。日用品も市場で調達する時代には，商品を手にとってじっくり見ることがしにくかったように思いますが，今はスーパーで気になる商品や欲しいものをじかに手に取って，内容を確かめることができるので安心です。しかし，まだ品質管理がゆき届いてない面もあり，電化製品などの場合は初期不良があるため，可能な限り，買う時に各機能が間違いなく作動するか確認すべきです。また，日本ではほとんどの物に保証書やアフターサービスが付いていますが，インドネシアでは必ずしも保証書が付いているとは限りませんので，高額商品を購入する場合は確認してみることをお勧めします。

ボキャブラリー

toko mebel　家具店	lampu belajar　卓上ランプ
lemari baju　洋服ダンス	lampu gantung　天井から吊す照明器具
lemari buku　本棚	lampu kristal　シャンデリア
tempat tidur　ベッド	meja makan　食卓
kasur　マットレス	kursi　椅子
bantal　枕	sofa　ソファー
sarung bantal　枕カバー，クッションカバー	rak sepatu　靴用ラック
bantal guling　抱き枕	bak air　水槽
sprai　シーツ	gayung　水くみ用手桶
selimut　毛布	asbak　灰皿
meja tulis　勉強机，事務机	garansi　保証
taplak meja　テーブルクロス	mutu / kualitas　品質

Persiapan untuk Kehidupan di Bali　バリでの生活の準備

Tata Bahasa

❶ 基本的な形容詞

besar 大きい	kecil 小さい	mahal （値段が）高い	murah 安い
tinggi （高さが）高い	rendah 低い	panjang 長い	pendek 短い, 背が低い
terang 明るい	gelap 暗い	berat 重い	ringan 軽い
luas 広い	sempit 狭い	baru 新しい	lama 古い
muda 若い	tua 年老いた	tebal 厚い	tipis 薄い
mudah 簡単な, 容易な	sulit 難しい	banyak たくさん	sedikit 少し
penuh 満杯の	kosong 空の	segar 新鮮な	busuk 腐った
panas 暑い, 熱い	dingin 寒い, 冷たい	hangat 暖かい	sejuk 涼しい
baik （天気, 健康などが）良い	buruk 悪い	bagus （色, 物などが）良い	jelek 悪い
rajin 勤勉な	malas 怠けた	dekat 近い	jauh 遠い
kuat 丈夫な, 強い	lemah 弱い	gemuk 太った	kurus 痩せた

❷ 色の名前

hitam 黒い	putih 白い	merah 赤い	kuning 黄色い
biru 青い	hijau 緑色の	cokelat 茶色の	oranye オレンジ色の
biru muda 水色	biru tua 紺色	merah muda ピンク	merah tua ワインレッド

＊色の濃淡は, 色の名前の後ろに muda, tua を付けて表現します。前者を付ければ薄い色を, 後者を付ければ濃い色を表します。なお, 日本語のように色の種類を表す単語は多くありません。

❸ 味に関する形容詞

enak おいしい	pedas 辛い	manis 甘い	asam 酸っぱい
pahit 苦い	asin 塩辛い	sepat 渋い	gurih （魚や揚げ物など旨味がきいて）おいしい

❹ 感情を表す形容詞

senang 嬉しい, 楽しい	bahagia 幸福な	takut 怖い	khawatir 不安な, 心配な
marah 怒った	sebal 腹立たしい	malu 恥ずかしい	bosan 飽きた
kecewa がっかりした	puas 満足する	ngeri ぞっとする	sepi 寂しい

❺ 程度の表現

sekali 大変	Masakan ini pedas sekali. この料理は大変辛い。
sangat 非常に	Masakan ini sangat pedas. この料理は非常に辛い。
amat きわめて	Masakan ini amat pedas. この料理はきわめて辛い。
sedikit 少し	Masakan ini sedikit pedas. この料理は少し辛い。
agak やや	Teh itu agak manis. その紅茶はやや甘い。
cukup かなり	Teh itu cukup manis. その紅茶はかなり甘い。

kurang あまり〜ではない	Teh itu kurang manis. その紅茶はあまり甘くない。
tidak begitu それほど〜ではない	Teh itu tidak begitu manis. その紅茶はそれほど甘くない。
terlalu 〜すぎる	Teh itu terlalu manis. その紅茶は甘すぎる。
sama sekali tidak 〜 全く〜ではない	Kue itu sama sekali tidak enak. そのお菓子は全くおいしくない。
tidak 〜 sama sekali 全く〜ではない	Kue itu tidak enak sama sekali. そのお菓子は全くおいしくない。

❻ 同等，比較，最上級の表現

● 同等の表現「A は B と同じくらい〜だ。」

構文①　A se- 形容詞　B.
Harga mobil ini <u>semahal</u> harga mobil itu.　この車の価格は，あの車の価格と同じくらい高い。

構文②　A sama 形容詞 -nya dengan B.
Harga mobil ini <u>sama</u> <u>mahalnya</u> <u>dengan</u> harga mobil itu.

● 比較の表現「A は B よりも〜だ。」

構文　A lebih 形容詞 daripada B.
Kamar ini <u>lebih</u> <u>luas</u> <u>daripada</u> kamar saya.　この部屋は，私の部屋よりも広い。

● 比較の強調表現「A は B よりもはるかに〜だ。」

構文　A jauh lebih 形容詞 daripada B.
Kamar ini <u>jauh</u> <u>lebih</u> <u>luas</u> <u>daripada</u> kamar saya.　この部屋は，私の部屋よりもはるかに広い。

● 最上級の表現「A は最も〜だ。」

構文①　A paling 形容詞 .
DVD ini <u>paling</u> <u>baru</u>.　この DVD は最新である。

構文②　A ter- ＋形容詞 .
DVD ini <u>terbaru</u>.　この DVD は最新である。

＊形容詞の語尾変化
　形容詞は英語のように原級，比較級，最上級の語尾変化がありません。上に説明した構文に当てはめて表現します。

イラスト辞書

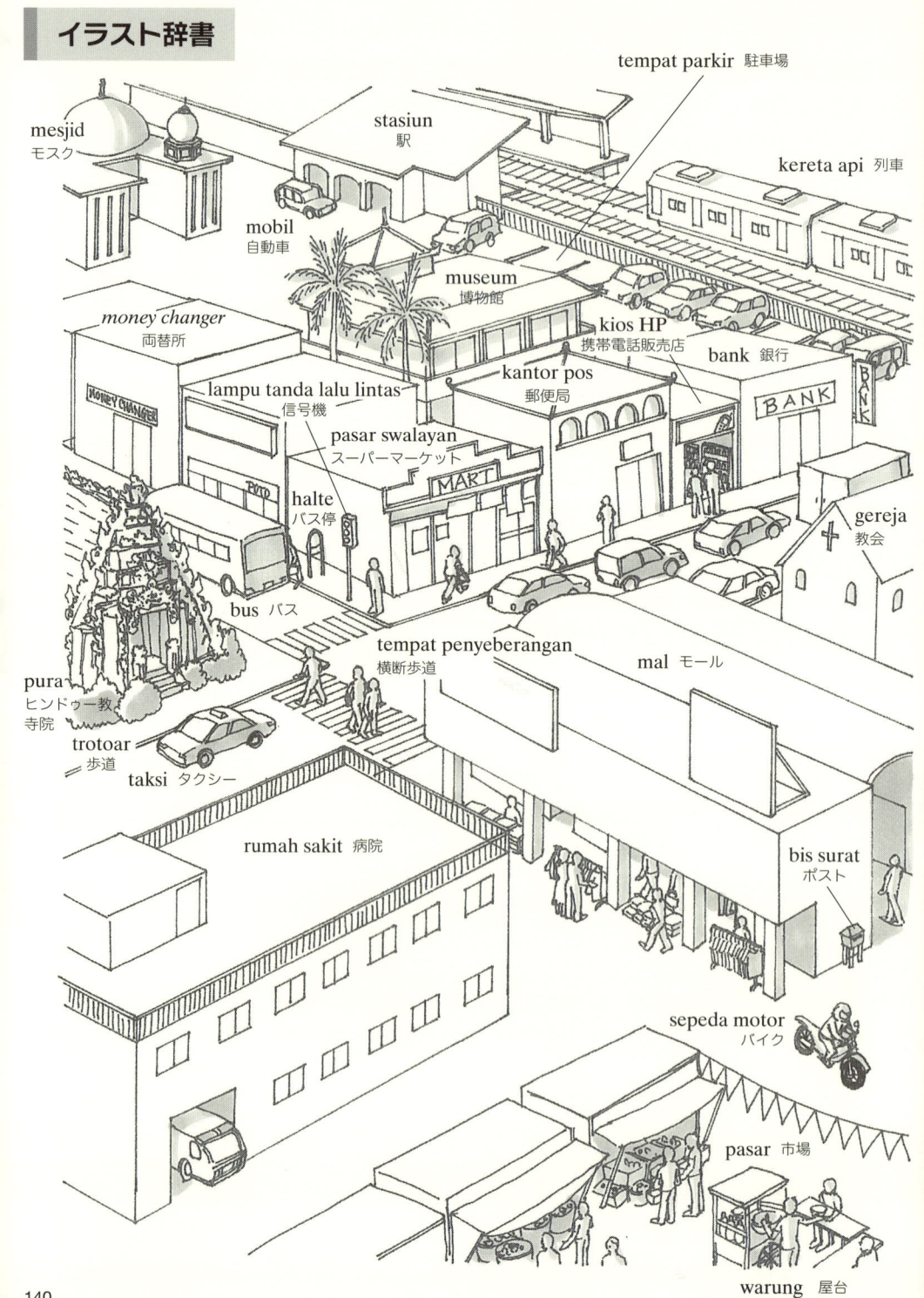

- mesjid モスク
- stasiun 駅
- tempat parkir 駐車場
- kereta api 列車
- mobil 自動車
- museum 博物館
- money changer 両替所
- kios HP 携帯電話販売店
- bank 銀行
- lampu tanda lalu lintas 信号機
- kantor pos 郵便局
- pasar swalayan スーパーマーケット
- halte バス停
- bus バス
- gereja 教会
- pura ヒンドゥー教寺院
- trotoar 歩道
- taksi タクシー
- tempat penyeberangan 横断歩道
- mal モール
- rumah sakit 病院
- bis surat ポスト
- sepeda motor バイク
- pasar 市場
- warung 屋台

140

Bab 6

Track 56-64

Kehidupan Sehari-hari 1
日常生活①

1. **Perkenalan** — 出会い
2. **Mengirim Surat** — 手紙を送る
3. **Mengunjungi Sebuah Museum** — 博物館を訪問する

1 ▶ Perkenalan ······ 出会い　　　　Track 56

Tahap Pertama　彩子は新しい友達と出会います。まずは CD を聴いてみましょう。

> Kenalkan. Saya Ayako. Saya orang Jepang. Siapa namanya?

> Saya David, berasal dari Selandia Baru.

> Kost saya di Sesetan. David tinggal di mana?

> Saya tinggal di Puputan.

Ayako dapat teman baru.

> Sudah berapa lama belajar bahasa Indonesia di Jepang?

> Saya belajar bahasa Indonesia selama dua tahun di Jepang.

> Sebelum ke Bali, Ayako bekerja di Jepang?

> Ya, saya bekerja di perusahaan swasta, tetapi sudah berhenti karena mau belajar bahasa Indonesia di Bali.

Teman baru Ayako bertanya kepada Ayako.

重要表現を覚えましょう。
キーフレーズ

◇ **Kenalkan.**
はじめまして。

● **Saya David, berasal dari Selandia Baru.**
私はデイビッドです。ニュージーランドから来ました。

◇ **Kost saya di Sesetan.**
私の住まいはセセタンにあります。

● **Saya tinggal di Puputan.**
私はププタンに住んでいます。

◇ **Saya belajar bahasa Indonesia selama dua tahun di Jepang.**
私は日本で2年間インドネシア語を勉強しました。

● **Beliau belum masuk hari ini.**
あの方は今日はまだ来ていません。

Bab 6 — **1** — Track 56

- Apakah itu Bapak Arnaja?
- Bukan, itu Bapak Suwirya.
- Yang mana Bapak Arnaja?
- Beliau belum masuk hari ini. Beliau berkumis dan berkacamata.

Ayako mencari orang.

- Ayo, kita pergi makan siang di kantin.
- Kita berdua saja?
- Anna mau mengajak siapa lagi?
- David, Lee, dan Elis.
- Ok, jadi berlima, ya.

Ayako makan siang dengan teman-teman.

- ● Beliau berkumis dan berkacamata.
  あの方は口ひげをはやしていて，眼鏡をかけています。
- ◇ Ayo, kita pergi makan siang di kantin.
  さあ昼ご飯を食べに学食に行きましょう。
- ● Kita berdua saja?
  私たち2人だけでですか？
- ◇ Mau mengajak siapa lagi?
  他に誰を誘いたいのですか？

Kehidupan Sehari-hari 1 日常生活①

143

1 Perkenalan

Track 57

Tahap Kedua 今度は彩子になって、新しい友達と会話をしてみましょう。

> Saya David, berasal dari Selandia Baru.

> Saya tinggal di Puputan.

Ayako dapat teman baru.

> Sudah berapa lama belajar bahasa Indonesia di Jepang?

> Sebelum ke Bali, Ayako bekerja di Jepang?

Teman baru Ayako bertanya kepada Ayako.

自己紹介をする際に役立つ表現を覚えましょう。

応用表現

Track 58

◇ Berasal dari mana?
ご出身はどちらですか？

◇ Anda orang mana?
あなたは何人（出身）ですか？

◇ Anda bekerja di mana?
あなたはどこで働いていますか？

◇ Saya bekerja di perusahaan swasta.
私は民間企業で働いています。

◇ Saya pegawai negeri.
私は公務員です。

◇ Saya pegawai swasta.
私は民間企業の社員です。

◇ Saya ibu rumah tangga.
私は主婦です。

Bab 6 — 1 — Track 57

Ayako mencari orang.

- Bukan, itu Bapak Suwirya.
- Beliau belum masuk hari ini. Beliau berkumis dan berkacamata.

Ayako makan siang dengan teman-teman.

- Kita berdua saja?
- David, Lee, dan Elis.

Kehidupan Sehari-hari 1 日常生活①

◆ Saya sudah pensiun.
　私はもう定年退職しました。

◆ Apakah Anda sudah berkeluarga?
　もうご結婚されていますか？

◆ Saya sudah menikah.
　私は結婚しています。

◆ Saya belum menikah.
　私はまだ結婚していません。

◆ Anggota keluarga saya empat orang.
　私は4人家族です。

◆ Anda tinggal bersama siapa?
　誰と一緒に住んでいますか？

◆ Hobi saya bermain tenis dan berenang.
　私の趣味はテニスをすることと泳ぐことです。

◆ Apa agama Anda?
　あなたの宗教は何ですか？

◆ Saya beragama Buddha.
　私は仏教徒です。

1

出会い

(イラスト1) 彩子は新しい友人ができました。
彩子　　：はじめまして。私は彩子です。私は日本人です。あなたのお名前は？

(イラスト2) デイビッド：私はデイビッドです。ニュージーランドから来ました。
彩子　　：私の住まいはセセタンにあります。デイビッドはどこに住んでいますか？
デイビッド：私はププタンに住んでいます。

(イラスト3) 彩子の新しい友人は彩子に質問します。
アンナ　：もうどれくらい日本でインドネシア語を勉強しましたか？
彩子　　：私は日本で2年間インドネシア語を勉強しました。

(イラスト4) アンナ　：バリに来る前，彩子は日本で働いていたのですか？
彩子　　：はい，私は民間企業で働いていましたが，バリでインドネシア語を勉強したいので辞めました。

(イラスト5) 彩子は人を探しています。
彩子　　：あちらはアルナジャさんですか？
デイビッド：いいえ，あちらはスウィルヤさんです。

(イラスト6) 彩子　　：どちらがアルナジャさんですか？
デイビッド：あの方は，今日はまだ来ていません。あの方は口ひげをはやしていて，眼鏡をかけています。

(イラスト7) 彩子は友人たちと昼食をとります。
彩子　　：さあ，昼ご飯を食べに学食に行きましょう。
アンナ　：私たち2人だけで？

(イラスト8) 彩子　　：アンナは他に誰を誘いたいのですか？
アンナ　：デイビッド，リーとエリス。
彩子　　：OK，ということは5人ですね。

おもしろ発見＠初対面のシーン

　インドネシア人はよく「名刺をください」(Boleh minta kartu nama?) と言います。名前を見れば，その人の民族や宗教，学歴まで一目瞭然です。また，インドネシアの多くの民族は，日本人のように苗字を持っていない場合が多く，名前が２～３語であっても，家族が共通して使う部分がないことも珍しくありません。ところで，日常の会話や，あるいは初対面の相手に対しても，インドネシア人は日本人より気軽に相手のプライベートに立ち入るような質問することが多いような感じがします。また，どうして？と感じる質問があります。例えば，「結婚していますか？」(Sudah menikah?),「お子さんはいらっしゃいますか？」(Sudah punya anak?)「ご両親はご健在ですか？」(Orang tua masih ada?) などは，その典型的な例です。私がインドネシアを知り始めた当初は，矢継ぎ早にされるプライベートに関する質問にかなり困惑したものですが，今では自分から相手に同じようなことを聞いたりしています。郷に入れば郷に従え？

ボキャブラリー

perkenalan 出会い	berenang 泳ぐ
datang 来る	berhenti 辞める
tinggal 住む	berlibur 休暇を過ごす
masuk 入る	berasal dari ... ～の出身である
keluar 出る	berkeluarga 家族がいる，所帯を持っている
pulang 帰る	berkumis 口ひげをはやしている
ada 居る，ある	berkacamata 眼鏡をかけている
belajar 勉強する	berdua
bekerja 働く	2人で，2人は（＊ ber-＋数：～人は，～人で，（数）で）
bermain	bersama 一緒に
遊ぶ，～（スポーツ）をする，～（楽器）を演奏する	beragama ～教徒である

Kehidupan Sehari-hari 1　日常生活①

2 Mengirim Surat …… 手紙を送る   Track 59

Tahap Pertama 彩子は手紙を書いて送ります。まずは CD を聴いてみましょう。

- Ayako sedang apa?
- Saya menulis surat kepada keluarga saya di Jepang.
- Ayako mengirim surat ini di mana?
- Di kantor pos Renon.

Ayako menulis surat kepada keluarga di Jepang.

- Saya mau mengirim surat ke Jepang.
- Ibu membeli prangko di loket nomor 1.
- Saya mau membeli prangko.
- Biasa atau kilat?
- Pos biasa saja.

Ayako pergi ke kantor pos.

重要表現を覚えましょう。
キーフレーズ

◇ Saya menulis surat kepada keluarga saya di Jepang.
私は日本の家族に手紙を書きます。

◇ Saya mau mengirim surat ke Jepang.
私は日本へ手紙を送りたいです。

◇ Saya mau membeli prangko.
私は切手を買いたいです。

● Saya menimbang amplop itu.
私はその封書を量ります。

◇ Di mana saya bisa mengeposkan surat ini?
どこでこの手紙を投函できますか？

Bab 6 2 Track 59

Saya menimbang amplop itu, ya.

Berapa ongkosnya?

Rp 15.000,-.

Ini uangnya.

Petugas menimbang beratnya amplop.

Di mana saya bisa mengeposkan surat ini?

Di bis surat.

Di mana bis surat?

Di depan loket nomor 5.

Ayako menempelkan prangko kemudian mengeposkan surat.

Kehidupan Sehari-hari 1 日常生活①

2 Mengirim Surat

Track 60

Tahap Kedua 今度は彩子になって、手紙を送ってみましょう。

Ayako sedang apa?

Ayako mengirim surat ini di mana?

Ayako menulis surat kepada keluarga di Jepang.

Ibu membeli prangko di loket nomor 1.

Biasa atau kilat?

Ayako pergi ke kantor pos.

物を送る際に役立つ表現を覚えましょう。
応用表現

Track 61

◇ Saya mau mengirim dokumen ini dengan EMS.
私はこの書類をEMSで送りたいです。

◇ Saya mau mengirim kartu pos ini dengan pos kilat.
私はこのハガキを速達で送りたいです。

◇ Apakah bisa mengirim paket ini dengan pos catat?
この小包を書留で送ることができますか？

◇ Kira-kira berapa lama akan sampai di tempat tujuan?
だいたいどれくらいで相手に届きますか？

Bab 6 ❷ **Track 60**

"Saya menimbang amplop itu, ya."

"Rp 15.000,-."

Petugas menimbang beratnya amplop.

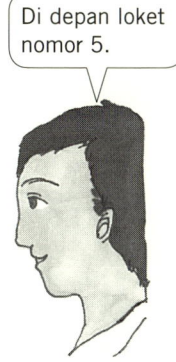

"Di bis surat."

"Di depan loket nomor 5."

Ayako menempelkan prangko kemudian mengeposkan surat.

◇ Apakah ada prangko peringatan?
　記念切手はありますか？

◇ Teman saya belum menerima EMS dari saya.
　私の友人はまだ私からのEMSを受け取っていません。

Kehidupan Sehari-hari 1　日常生活①

2 手紙を送る

- イラスト1　彩子は日本の家族に手紙を書きます。
  - アンナ　：　彩子，何してるの？
  - 彩子　　：　日本の家族に手紙を書いているの。

- イラスト2　アンナ　：　彩子はこの手紙をどこで送るの？
  - 彩子　　：　ルノンの郵便局で。

- イラスト3　彩子は郵便局へ行きます。
  - 彩子　：　日本へ手紙を送りたいのですが。
  - 職員　：　1番窓口で切手を買ってください。

- イラスト4　彩子　：　切手を買いたいのですが。
  - 職員　：　普通ですか，それとも速達ですか？
  - 彩子　：　普通です。

- イラスト5　職員は封筒の重さを量ります。
  - 職員　：　その封書を量りますね。
  - 彩子　：　料金はいくらですか？

- イラスト6　職員　：　15,000 ルピアです。
  - 彩子　：　これが代金です。

- イラスト7　彩子は切手を貼り，手紙を投函します。
  - 彩子　：　どこでこの手紙を投函できますか？
  - 職員　：　ポストです。

- イラスト8　彩子　：　ポストはどこですか？
  - 職員　：　5番窓口の前です。

おもしろ発見＠郵便局

　インドネシアでもさまざまな記念切手が発行されています。郵便局は切手コレクターにとって，観光地巡りとはひと味違った楽しみを味わえる場所ではないでしょうか。切手のデザインや大きさも多様で，日本の記念切手より色使いが鮮やかなものや，日本にはないサイズの切手も見かけます。旅の記念として，またその場所に来なければ手に入らないお土産としてお勧めです。

ボキャブラリー

menulis　（手紙や書類などを）書く	EMS　EMS便
mengirim　送る	prangko　切手
membeli　買う	prangko peringatan　記念切手
menimbang　（重さなどを）量る	wesel　為替
menempelkan　貼る	wesel pos　郵便為替
mengeposkan　投函する，ポストに入れる	giro　振替
menerima　受け取る	giro pos　郵便振替
pos biasa　普通郵便	ongkos kirim　送料
pos kilat　速達郵便	kantor pos　郵便局
pos catat　書留郵便	loket　窓口
pos udara　航空郵便	

3 Mengunjungi Sebuah Museum …… 博物館を訪問する　Track 62

Tahap Pertama　彩子は博物館へ行きます。まずは CD を聴いてみましょう。

- Patung gajah itu bagus sekali.
- Patung itu dipahat oleh seorang pemahat dari Eropa. Kemudian disumbangkannya kepada pemilik museum ini.
- Sungguh gagah patung itu!

Ayako mengunjungi sebuah museum.

- Lukisan ini dilukis oleh siapa?
- Ini dilukis oleh I Wayan Arta.
- Sekitar tahun berapa beliau melukisnya?
- Sekitar tahun 1970-an.

Ayako melihat lukisan Bali.

重要表現を覚えましょう。
キーフレーズ

- Patung itu dipahat oleh seorang pemahat dari Eropa.
  あの像は、1人のヨーロッパの彫刻家によって彫られました。

◇ Lukisan ini dilukis oleh siapa?
  この絵は誰によって描かれましたか？

- Ini dilukis oleh I Wayan Arta.
  これはイ・ワヤン・アルタによって描かれました。

◇ Musik gamelan yang saya dengar di desa bagus sekali.
  私が村で聞いたガムラン音楽は、とても良かったです。

◇ Tari Barong yang saya tonton di Batubulan sangat menarik.
  私がバトゥブランで観たバロンダンスは、とてもおもしろかったです。

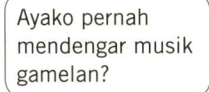

Bab 6 **3** **Track 62**

Ayako pernah mendengar musik gamelan?

Ya. Musik gamelan yang saya dengar di desa bagus sekali.

Ayako pernah menonton tari Barong?

Ya. Tari Barong yang saya tonton di Batubulan sangat menarik.

Ayako tertarik pada alat musik tradisional.

Boleh saya lihat stiker itu?

Ya.

Minta lima lembar.

Stiker ini mau dibungkus satu per satu?

Ya.

Ayako mencari oleh-oleh.

- Stiker ini mau dibungkus satu per satu?
  このステッカーは個別に包みますか？

Kehidupan Sehari-hari 1 日常生活①

3　Mengunjungi Sebuah Museum　Track 63

Tahap Kedua　今度は彩子になって，博物館へ行ってみましょう。

Patung itu dipahat oleh seorang pemahat dari Eropa. Kemudian disumbangkannya kepada pemilik museum ini.

Ayako mengunjungi sebuah museum.

Ini dilukis oleh I Wayan Arta.

Sekitar tahun 1970-an.

Ayako melihat lukisan Bali.

美術館や観光地で役立つ表現を覚えましょう。

応用表現

Track 64

◇ Gedung ini dibangun oleh siapa?
この建物は誰によって建てられましたか？

◇ Patung itu dibuat untuk apa?
あの像は何のために作られましたか？

◇ Penari itu diakui sebagai pelopor di dunia tari-tarian tradisional.
あの舞踊家は，伝統舞踊界における先駆者として認められています。

◇ Lukisan yang saya cari bukan seperti ini.
私が探している絵は，このようなものではありません。

Bab 6 — 3 — Track 63

- Ayako pernah mendengar musik gamelan?

- Ayako pernah menonton tari Barong?

Ayako tertarik pada alat musik tradisional.

- Ya.

- Stiker ini mau dibungkus satu per satu?

Ayako mencari oleh-oleh.

Kehidupan Sehari-hari 1 日常生活①

157

3 博物館を訪問する

- イラスト1　彩子は博物館を訪問します。
  - 彩子　：あの象の像はとてもすばらしいね。
  - アンナ：あの像はヨーロッパの彫刻家によって彫られたのよ。そして、この博物館のオーナーに寄贈されたのよ。

- イラスト2　彩子　：あの彫刻は本当に雄々しいわ。

- イラスト3　彩子はバリ絵画を見ます。
  - 彩子　：この絵は、誰によって描かれましたか？
  - 司書　：これは、イ・ワヤン・アルタによって描かれました。

- イラスト4　彩子　：だいたい何年頃に描いたのですか？
  - 司書　：だいたい1970年代です。

- イラスト5　彩子は伝統音楽楽器に興味があります。
  - アンナ：彩子はガムラン音楽を聞いたことがある？
  - 彩子　：うん。私が村で聞いたガムラン音楽は、とても良かったわよ。

- イラスト6　アンナ：彩子はバロンダンスを観たことがある？
  - 彩子　：うん。私がバトゥブランで観たバロンダンスは、とてもおもしろかったわ。

- イラスト7　彩子はお土産を探します。
  - 彩子　：そのステッカーを見てもいいですか？
  - 店員　：はい。

- イラスト8　彩子　：5枚ください。
  - 店員　：このステッカーは個別に包みますか？
  - 彩子　：はい。

おもしろ発見＠ガムラン

　インドネシアの伝統楽器の代表格といってよいガムラン。ガムランとは，もともと「叩く」という意味の gamel の名詞形で，叩いて音を出す種類の楽器です。ガムランは青銅から作られています。一台一台が手作りであり，職人技を感じます。インドネシア国内では，特にジャワのガムランとバリのガムランが有名です。前者は主に宮廷のためのガムラン，後者は祭事のためのガムランと言われており，曲の様子もまったく違います。ガムランの演奏に合わせ演じられるワヤンと呼ばれる影絵や伝統舞踊の上演は，いつも観る人の心に安らぎを与えてくれます。ジャワ島やバリ島の伝統音楽や舞踊を習いに留学する人も珍しくなく，エキゾチックな雰囲気は多くの人々を魅了してやまないようです。耳に心地よいガムランですが，実際に演奏してみるとなかなか難しいものです。

ボキャブラリー

museum　博物館
patung　像
pemahat　彫刻家
memahat　彫る
lukisan　絵画

pelukis　画家
melukis　描く
alat musik tradisional　伝統音楽楽器
gamelan　ガムラン

puasa　断食
buka puasa　断食明け
Idul Fitri / Lebaran　断食明け大祭
azan　礼拝時間を知らせる呼びかけ
salat　礼拝

Natal　クリスマス
Paskah　イースター
Nyepi　ヒンドゥー教徒の大祭サカ暦正月
Imlek　旧正月・春節
malam tahun baru　大晦日

Tata Bahasa

❶ 受動態

日本語による表現において能動態を用いる方が自然な表現である場合でも，インドネシア語では受動態を用いることが多いのが特徴です。受動態は，能動態の文の行為者（主語）の人称によって，構文が大きく2パターンに分けられます。構文は，主語が単数であるか複数であるか，また時制には影響されません。

● 主語が1人称，2人称の場合

能動態：Saya membeli air aqua di toko kelontong.　私は雑貨店で飲料水を買います。
受動態：Air aqua saya beli di toko kelontong.　飲料水は私が雑貨店で買います。

＊受動態は，能動態の文における目的語，行為者（主語），動詞の接頭辞 me- を取った形，場所，時間などを表す語の順に並べます。「〜したい」「もう〜した」などのような助動詞は，目的語の直後に置きます。

● 主語が3人称の場合

能動態：Made membeli air aqua di toko kelontong.　マデは雑貨店で飲料水を買います。
受動態：Air aqua dibeli oleh Made di toko kelontong.
　　　　飲料水はマデによって雑貨店で買われました。

＊受動態は，能動態の文における目的語を文頭に置き，動詞の接頭辞 me- を di- に置き換え，「〜によって」を意味する oleh を置き，行為者（主語），場所，時間などを表す語の順に並べます。助動詞は，目的語の直後に置きます。なお，動詞の直後に行為者を置く場合は，oleh を省略することも可能です。

● 主語が aku と engkau の場合

aku は ku，engkau は kau となり，me- を取った動詞の頭に付き1語になります。

aku の場合

能動態：Aku membeli air aqua di toko kelontong.　僕は雑貨店で飲料水を買います。
受動態：Air aqua kubeli di toko kelontong.　飲料水は僕が雑貨店で買います。

engkau の場合

能動態：Engkau membeli air aqua di toko kelontong.　君は雑貨店で飲料水を買います。
受動態：Air aqua kaubeli di toko kelontong.　飲料水は君が雑貨店で買います。

❷ 関係詞 yang

関係詞を用いて表現する方法を説明します。

● 名詞＋yang＋形容詞

形容詞の意味が強調されます。名詞＋形容詞のパターンと意味にさほど大きな違いを生じさせません。

ikan yang segar　　新鮮な魚
rumah yang bagus　　立派な家

● 名詞＋yang＋複数の形容詞が後続

名詞を修飾する形容詞が複数の場合は，必ず yang を用います。

ikan yang segar dan besar　新鮮で大きな魚
rumah yang bagus, luas, dan mahal　立派で広く（価格が）高い家

＊形容詞は dan でつなぎますが，3つ以上の形容詞が後続する場合は，最後から2番目と最後の形容詞の間にのみ dan を使い，他は,（コンマ）を用いるのが一般的です。

● 名詞＋ yang ＋否定詞＋形容詞
　名詞を修飾する形容詞に否定詞を伴う場合は，必ず yang を用います。
ikan yang tidak segar　新鮮ではない魚
ikan yang tidak enak　おいしくない魚

● 名詞＋ yang ＋副詞＋形容詞
　名詞を修飾する形容詞に副詞を伴う場合は，必ず yang を用います。
ikan yang sangat segar　とても新鮮な魚
ikan yang lebih besar　より大きな魚

● [名詞＋形容詞] ＋ yang ＋形容詞
　yang により修飾される名詞に，そもそも形容詞を含んでいる場合は，yang 以下の修飾語と区別するために yang を用います。
ikan besar yang mahal　（値段が）高い大きな魚
rumah bagus yang luas dan baru　広くて新しい立派な家

● 名詞＋ yang ＋関係詞節
　関係詞節を導く場合は，yang を用います。
Orang yang makan di restoran itu biasanya orang kaya.
あのレストランで食事をする人は，たいていは裕福な人です。
Ibu yang menjual nasi bungkus di kios itu selalu ramah.
その売店でナシ・ブンクスを売っている女性は，いつも愛想が良いです。

● 名詞＋ yang ＋受動態文型
　先行詞が目的語の場合，yang 以下は受動態の文型で表現されます。
Taksi yang saya pesan belum datang.　私が予約したタクシーがまだ来ていません。
E-mail yang dikirimnya tadi pagi sudah diterima oleh atasan saya.
彼が今朝送信した電子メールは，既に私の上司が受け取りました。

● yang mana
　選択の疑問詞の一部として yang が使われます。
Yang mana Anda sukai, daging atau ikan?　肉と魚では，どちらが好きですか？
Yang mana lebih murah, ini atau itu?　これとそれでは，どちらがより安いですか？

● ～なほう，～なもの
　被修飾語を省略して，～なほう，～なものという表現に yang が使われます。
Saya mau yang ini.　私は，こちらのほうが欲しいです。
Dia memilih yang itu.　彼は，あちらのほうを選びました。
Yang sudah berwarna cokelat itu terlalu matang.
その茶色い色をしているほうは，熟しすぎています。

イラスト辞書

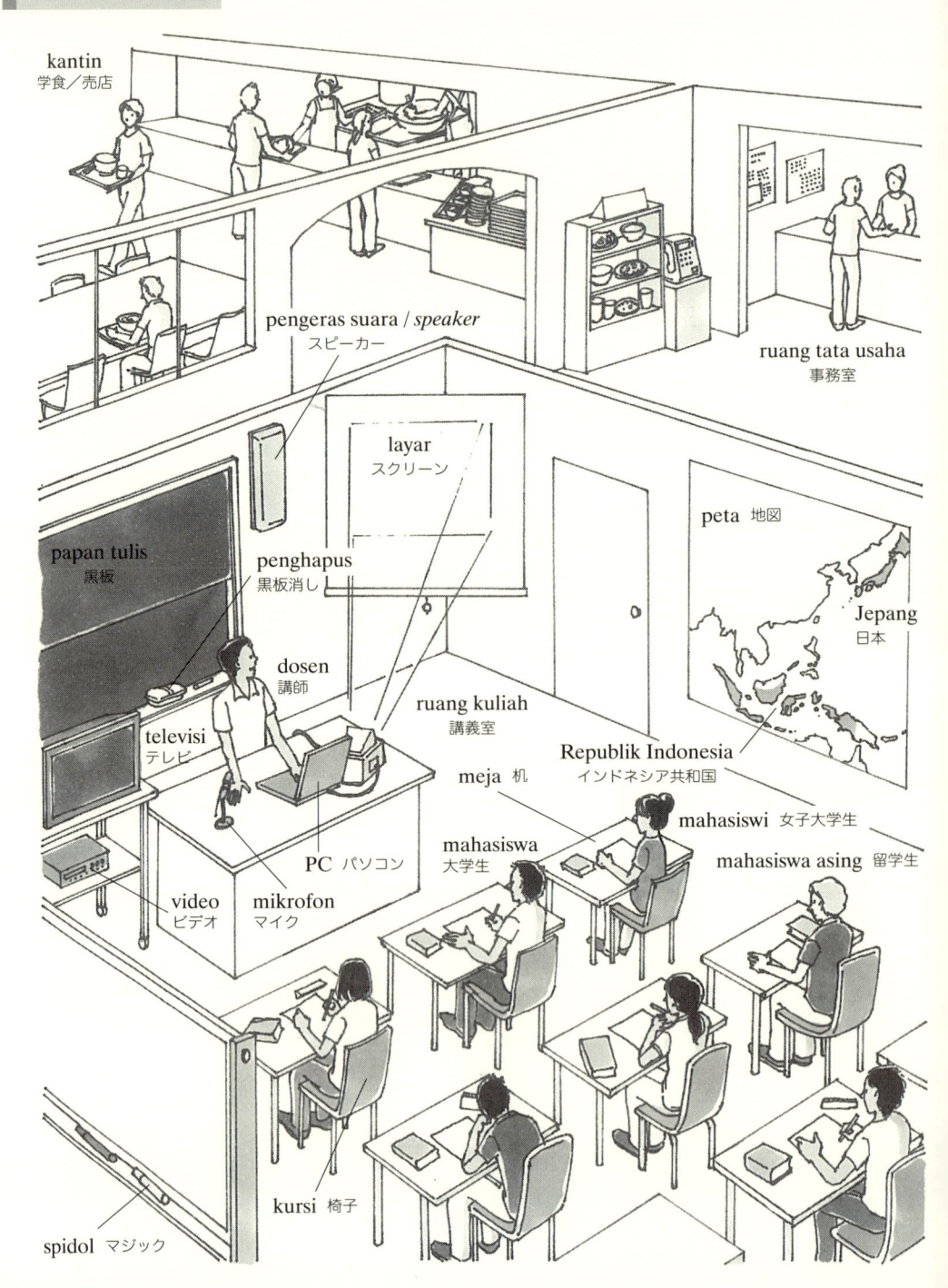

- kantin 学食／売店
- pengeras suara / *speaker* スピーカー
- ruang tata usaha 事務室
- layar スクリーン
- peta 地図
- Jepang 日本
- papan tulis 黒板
- penghapus 黒板消し
- dosen 講師
- ruang kuliah 講義室
- Republik Indonesia インドネシア共和国
- televisi テレビ
- meja 机
- mahasiswi 女子大学生
- mahasiswa asing 留学生
- PC パソコン
- mahasiswa 大学生
- video ビデオ
- mikrofon マイク
- kursi 椅子
- spidol マジック

162

Bab 7

Track 65-70

Kehidupan Sehari-hari 2
日常生活②

1. **Menonton Film di Gedung Bioskop**　映画館で映画を観る
2. **Melihat Kerajinan Tangan**　手工芸品を見る

1 Menonton Film di Gedung Bioskop ······ 映画館で映画を観る　Track 65

Tahap Pertama　彩子は映画を観に行きます。まずはCDを聴いてみましょう。

Halo, Ayako di mana sekarang?

Di rumah.

Kita kan janji menonton film di gedung bioskop siang ini.

Aduh! Sekarang saya berangkat. Mungkin setengah jam lagi saya sampai di sana.

David menelepon Ayako.

Kita menonton tayangan berikut, ya.

Mulai jam berapa?

Jam 4.30.

Maafkan saya, David. Saya datang terlambat karena tadi saya tertidur sambil membaca novel.

Ayako tiba di gedung bioskop.

重要表現を覚えましょう。
キーフレーズ

◇ Saya datang terlambat karena tadi saya tertidur sambil membaca novel.
遅れて来たのは、さっき私は小説を読みながら、うっかり寝てしまったからです。

◇ Saya sangat terharu ketika anak itu tertinggal di hutan.
私はあの子供が森に取り残された時、とても胸にジーンときました。

◇ Dengan kehadiran binatang-binatang itu dia terhibur.
あの動物たちの存在で、彼女は慰められました。

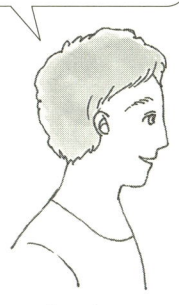

Bab 7 **1** Track 65

- Bagaimana kesan Ayako tentang film kali ini?
- Saya sangat terharu ketika anak itu tertinggal di hutan.
- Ya, tetapi banyak binatang menemani anak itu.
- Dengan kehadiran binatang-binatang itu dia terhibur.

Setelah menonton film Ayako dan David minum kopi.

- Para penonton tertawa akan adegan binatang-binatang yang berusaha mencari makanan di hutan.
- Ya, gerakannya lucu.
- Banyak penonton tertawa ketika binatang-binatang membagikan kepada anak itu buah-buahan.
- Ya, karena bisa merasakan suasana damai.

Ayako dan David melanjutkan mengobrol.

◇ Para penonton tertawa akan adegan binatang-binatang yang berusaha mencari makanan di hutan.
観客たちは森で食べ物を探そうとする動物たちの場面で笑いました。

◇ Banyak penonton tertawa ketika binatang-binatang membagikan kepada anak itu buah-buahan.
多くの観客たちは，動物たちがあの子供に果物を分けてあげた時，笑っていました。

Kehidupan Sehari-hari 2 日常生活②

165

1 Menonton Film di Gedung Bioskop　Track 66

Tahap Kedua　今度は彩子になって，友だちと会話をしてみましょう。

Halo, Ayako di mana sekarang?

Kita kan janji menonton film di gedung bioskop siang ini.

David menelepon Ayako.

Kita menonton tayangan berikut, ya.

Jam 4.30.

Ayako tiba di gedung bioskop.

ついうっかり何かした時の表現や感情の表現を覚えましょう。

応用表現

Track 67

◇ Saya tertidur saat rapat tadi siang.
午後の会議中に，私は居眠りをしてしまいました。

◇ Dokumen itu tertinggal di Cafe.
あの書類を，カフェに置き忘れてしまいました。

◇ Pensil itu terjatuh dari meja.
その鉛筆は，机から落ちてしまいました。

◇ Dia terlempar jauh karena ditabrak mobil.
彼は車にはねられて，遠くへ放り出されてしまいました。

◇ Semua orang tertawa akan kebodohan orang itu.
その人の愚かさに，みんなが笑いました。

Bab 7 **1** Track 66

> Bagaimana kesan Ayako tentang film kali ini?

> Ya, tetapi banyak binatang menemani anak itu.

Setelah menonton film Ayako dan David minum kopi.

> Ya, gerakannya lucu.

> Ya, karena bisa merasakan suasana damai.

Ayako dan David melanjutkan mengobrol.

◇ Saya tertarik pada sejarah Indonesia.
  私は、インドネシアの歴史に興味があります。

◇ Dia tersenyum ketika dapat kabar gembira.
  うれしい知らせを受けた時、彼女は微笑みました。

◇ Saya terharu karena mendengar cerita tentang peristiwa yang menyedihkan.
  私は悲惨な出来事の話を聞いて、胸が詰まる思いがしました。

Kehidupan Sehari-hari 2 日常生活②

1 映画館で映画を観る

イラスト1 デイビッドは彩子に電話をかけます。
デイビッド ： もしもし，彩子，今どこ？
彩子　　　 ： 家。

イラスト2 デイビッド ： 今日の昼，僕たちは映画館で映画を観る約束だったよね。
彩子　　　 ： あぁ〜。今，家を出るわ。おそらく30分後にそちらに着くわ。

イラスト3 彩子は映画館に着きました。
デイビッド ： 次の上映を観よう。
彩子　　　 ： 何時に始まるの？

イラスト4 デイビッド ： 4時半。
彩子　　　 ： デイビッド，ゆるしてね。遅れて来たのは，さっき私は小説を読みながら，うっかり寝てしまったからなの。

イラスト5 映画を観た後，彩子とデイビッドはコーヒーを飲みました。
デイビッド ： 今回の映画について彩子の感想は？
彩子　　　 ： あの子供が森に取り残された時，とても胸にジーンときたわ。

イラスト6 デイビッド ： そうだね，でもたくさんの動物たちがあの子供の相手をしていたよね。
彩子　　　 ： あの動物たちの存在で，彼女は慰められたよね。

イラスト7 彩子とデイビッドはおしゃべりを続けました。
彩子　　　 ： 観客たちは森で食べ物を探そうとする動物たちの場面で笑ったね。
デイビッド ： うん，動きが面白いから。

イラスト8 彩子　　　 ： 多くの観客たちは，動物たちがあの子供に果物を分けてあげた時，笑ってたね。
デイビッド ： うん，平和の雰囲気が感じられたから。

おもしろ発見＠映画館

　インドネシアの都会にも劇場があり，娯楽施設として人気があるようです。曜日によって鑑賞料金が違っていたり，上映する映画の回転も比較的速いようです。シートは普通のシートの他に，料金は高くなりますがソファー席もあり，ゆったりと鑑賞できるのも魅力です。インドネシア人は，一般的にリアクションがはっきりしています。何を観てもシーンとしている，あるいはアクションが控えめな日本人と比べると，オーバーリアクションとも言えるほど気持ちを思い切り表現するのが上手な民族です。ところで，映画の DVD を買って自宅で観る人も多いです。DVD の数はとても多く，外国映画の DVD は日本で探すよりもタイトル数が多いかもしれません。しかし，残念ながらDVD や CD の海賊版の流通は否定できない事実です。

ボキャブラリー

terlupa	うっかり忘れてしまう	terpaksa	やむを得ず
tertidur	居眠りをする，うっかり寝てしまう	tersebut	前述の
terbangun	目が覚める	tertentu	特定の
tertinggal	置き忘れる，取り残される	terbiasa	慣れる，習慣になる
terbawa	うっかり持って行かれる	terlambat	遅れる
terjatuh	落ちる，転ぶ	terharu	胸が詰まる思いがする，胸にジーンとくる，感動する
terlempar	放り出される		
terdengar	聞こえる	terhibur	慰められる
terlihat	見える	tertawa	笑う
terdiri	（～から）成る	tersenyum	微笑む
terjadi	発生する，起こる	tertarik	興味がある，関心がある

2 Melihat Kerajinan Tangan …… 手工芸品を見る　　Track 68

Tahap Pertama　彩子は手工芸品を見に行きました。まずは CD を聴いてみましょう。

- Kain batik ini terbuat dari apa?
- Kain batik itu terbuat dari katun.
- Ini batik tulis?
- Ya, itu batik tulis.

Ayako melihat kain.

- Apa isi cerita lontar itu?
- Mahabarata.
- Ini huruf apa?
- Huruf bahasa Bali. Pada umumnya lontar tertulis dalam bahasa Bali.

Ayako melihat lontar.

重要表現を覚えましょう。
キーフレーズ

◇ **Kain batik ini terbuat dari apa?**
　このろうけつ染めの布は、何からできていますか？

● **Kain batik itu terbuat dari katun.**
　そのろうけつ染めの布は、木綿からできています。

● **Pada umumnya lontar tertulis dalam bahasa Bali.**
　一般にロンタルはバリ語で書かれています。

● **Pintu lemari ini terkunci.**
　この棚の戸には鍵がかかっています。

● **Segala jenis kerajinan tangan Indonesia tersedia di lantai ini.**
　このフロアーには、あらゆる種類の手工芸品が用意されています。

Bab 7 ② Track 68

- Tolong keluarkan liontin itu.
- Saya ambil kunci dulu. Pintu lemari ini terkunci.
- Sungguh hebat! Indonesia kaya akan aneka ragam kerajinan tangan.
- Ya, segala jenis kerajinan tangan Indonesia tersedia di lantai ini.

Ayako melihat permata.

2 Melihat Kerajinan Tangan　　Track 69

Tahap Kedua　今度は彩子になって，手工芸品を見てみましょう。

― Kain batik itu terbuat dari katun.

― Ya, itu batik tulis.

Ayako melihat kain.

― Mahabarata.

― Huruf bahasa Bali. Pada umumnya lontar tertulis dalam bahasa Bali.

Ayako melihat lontar.

「〜されている」という表現を覚えましょう。
応用表現
Track 70

◇ Pintu toko ini selalu terbuka.
　この店のドアはいつも開いています。

◇ Nama toko itu tidak bisa dilihat karena tertutup dengan spanduk.
　その店の名前は横断幕でおおわれているので見えません。

◇ Saya belum sanggup menggunakan kamus ini karena hanya tertulis dalam bahasa Indonesia.
　インドネシア語のみで書かれているので，私はまだこの辞書を使う能力がありません。

Bab 7 — 2 — Track 69

> Saya ambil kunci dulu. Pintu lemari ini terkunci.

> Ya, segala jenis kerajinan tangan Indonesia tersedia di lantai ini.

Ayako melihat permata.

- Topeng itu terpaku di dinding.
  その仮面は，壁に釘で打ち付けられています。

- Kartu ini tidak berlaku karena tergunting.
  このカードは，もうハサミを入れられているので無効です。

2 手工芸品を見る

- イラスト1　彩子は布を見ます。
  - 彩子　：　このろうけつ染めの布は何からできていますか？
  - 店員　：　そのろうけつ染めの布は木綿からできています。

- イラスト2
  - 彩子　：　これは手描きのろうけつ染めの布ですか？
  - 店員　：　はい，それは手描きろうけつ染めの布です。

- イラスト3　彩子はロンタルを見ます。
  - 彩子　：　そのロンタルの話の内容は何ですか？
  - 店員　：　マハバラタです。

- イラスト4
  - 彩子　：　これは何の文字ですか？
  - 店員　：　バリ語の文字です。一般にロンタルはバリ語で書かれています。

- イラスト5　彩子は宝石を見ます。
  - 彩子　：　あのペンダントを出してください。
  - 店員　：　鍵を取ってきます。この棚の戸には鍵がかかっています。

- イラスト6
  - 彩子　：　本当にすごい！　インドネシアはさまざまな手工芸品が豊かです。
  - 店員　：　はい，このフロアーには，あらゆる種類の手工芸品が用意されています。

おもしろ発見＠手工芸品

　インドネシアには地方や民族ごとの多種多様な手工芸品があります。それぞれの民族の特徴が感じられるものばかりで，伝統工芸品の芸術性や品質に，それらを伝承し続けてきた民族の誇りを感じさせられます。日本でも有名なインドネシアの手工芸品の一つに，バティックと呼ばれるろうけつ染めの布があります。一時期インドネシア人のバティック離れがありましたが，近年のバティックブームの再来で，バティックのモティーフを取り入れたさまざまな物が紹介されています。一方，バリ島では伝統工芸品よりも，モダンアート的な要素を含んだ手工芸品が多く紹介されるようになり，あまりバリ島本来の要素を盛り込まないものが多くなったように思います。

ボキャブラリー

terbuat 　（〜から）できている
terdiri 　（〜から）成る
tertulis 　（〜で）書かれている
tertutup 　閉まっている
terbuka 　開いている

terkunci 　鍵がかけられている
terpaku 　釘で打ち付けられている
tersedia 　用意されている
terkenal 　知られている，有名な
tergunting 　はさみを入れられている

Tata Bahasa

❶ ter- 動詞

● 無意識や突然の動作を表す場合，接頭辞 ter- を付けた動詞が使われます。
Saya tidur di kamar saya.　私は自分の部屋で寝ます。
Saya tertidur di kelas.　私は教室で居眠りをしました。
Ibu saya bangun pagi-pagi.　私の母は朝早く起きます。
Ibu saya terbangun tengah malam.　私の母は真夜中に目を覚ましました。

● 無意識や錯誤の動作で受動態的要素を含む場合，可能の表現，状態や完了を表す場合，接頭辞 ter- を付けた動詞が使われます。
Majalah saya dibawa oleh Made.　私の雑誌はマデに持って行かれました。
Majalah saya terbawa oleh Made.　私の雑誌はマデにうっかり持って行かれました。
Suara ayam tetangga terdengar dari sini.　隣の鶏の声がここから聞こえます。
Suara ayam tetangga dapat didengar dari sini.
＊ter+ 動詞 ≒ dapat di+ 動詞　〜しうる
Artikel ini ditulis oleh seorang wartawan Amerika.
この記事はアメリカ人記者によって書かれました。
Artikel ini tertulis dalam bahasa Inggris.　この記事は英語で書かれています。

● 感情を表す単語の中には，接頭辞 ter- が付けられるものがあります。
Para penonton tertawa karena cerita pelawak itu sangat lucu.
あの漫才師の話がとてもおもしろく，観客たちは笑いました。
Anak itu tersenyum sambil membaca E-mail dari temannya.
その子供は友だちからの電子メールを読みながら微笑みました。

● 覚えておくと便利な ter- 動詞を紹介します。
Saya sudah terbiasa makan makanan pedas.　私はもう辛い食べ物に慣れました。
Kita terpaksa menunda acara itu.　我々はやむを得ずその行事を延期しました。

❷ me-kan 動詞

　接頭辞 me- と接尾辞 -kan で語根をはさみ他動詞を作ることができます。語根は必ずしも他動詞とは限らず，形容詞，自動詞，名詞の場合もあります。ほとんどの派生語は他動詞化しますが，品詞が変化しない場合，派生語の意味が変化するものもあります。

● me- ＋形容詞＋ -kan のパターン
Banyak sampah mengotorkan stadion sepak bola.　多くのゴミはサッカー場を汚しました。
　kotor　汚い，汚れている，不潔な　　mengotorkan　汚す

Para staf membersihkan stadion sepak bola.　スタッフたちはサッカー場を清掃します。
　bersih　清潔な，きれいな　　membersihkan　清掃する，きれいにする

● me- ＋名詞＋ -kan のパターン

Om saya menyekolahkan anaknya di sekolah swasta.
私の叔父は彼の子供を私立の学校に入れました。
sekolah　学校　　　menyekolahkan　学校に入れる

Sekretarisnya mengabjadkan kartu nama nasabah.
秘書は顧客の名刺をアルファベット順に並べました。
abjad　アルファベット　　　mengabjadkan　アルファベット順に並べる

● me- ＋自動詞＋ -kan のパターン①

Saya memasukkan dompet ke dalam tas ini.　私はこのかばんの中に財布を入れました。
masuk　入る　　　memasukkan　入れる
Dia mengeluarkan mobil itu dari garasi.　彼は車庫からその車を出しました。
keluar　出る　　　mengeluarkan　出す

● me- ＋自動詞＋ -kan のパターン②

　語根が自動詞であり，接尾辞 -kan を伴った派生語の場合，意味が大きく変化する特殊な例があります。
Kita tinggal di Jakarta.　私たちはジャカルタに住んでいます。
Dia meninggal dunia dua tahun yang lalu.　彼女は2年前に亡くなりました。
Kalian tidak boleh meninggalkan barang penting di ruang ini.
君たちは，この部屋に大事な物を残してはいけません。
tinggal　住む，とどまる　　　meninggal (dunia)　(人が) 死ぬ　　　meninggalkan　残す，置き去りにする，立ち去る

● me- ＋他動詞＋ -kan のパターン①

　語根が他動詞であり，接尾辞 -kan を伴った派生語の場合，二重目的語を取る場合があります。
Saya memberikan kakak perempuan saya kain batik.
　　　　me-kan 動詞　　　　　目的語 1　　　　　目的語 2
私は姉にバティックの布をあげました。
memberi　与える，あげる　　　memberikan　～に…をあげる (与える)
比較：Saya memberi kain batik untuk kakak perempuan saya.
Dia mencarikan saya apartmen murah.
　　　me-kan 動詞　目的語 1　　目的語 2
彼女は私に安いアパートを探してくれました。
mencari　探す　　　mencarikan　～のために…を探してあげる
比較：Dia mencari apartmen murah untuk saya.

● me- ＋他動詞＋ -kan のパターン②

　ごく限られた語根で，me-kan の派生語になることにより，特殊な意味変化を起こす場合があります。
Ayah saya sedang mendengarkan siaran radio.　父は真剣にラジオ放送を聞いています。
mendengar　聞く　　　mendengarkan　注意をはらって聞く

Kehidupan Sehari-hari 2　日常生活②

177

❸ me-i 動詞

接頭辞 me- と接尾辞 -i で語根をはさみ他動詞を作ることができます。語根は必ずしも他動詞とは限らず，形容詞，自動詞，名詞の場合もあります。

● **me- ＋形容詞＋ -i のパターン**：形容詞 ＋ pada，形容詞 ＋ akan と同様の意味をもつ派生語になります。

Guru memarahi murid-murid yang malas.　先生は，怠惰な生徒たちを叱りました。
marah　非常に不愉快な　　　memarahi　叱る
比較：Guru marah pada murid-murid yang malas.

Dia sangat mencintai anaknya.　彼は，彼の子供をとても愛しています。
cinta　とても愛おしい　　　mencintai　愛する
比較：Dia sangat cinta akan anaknya.

● **me- ＋自動詞＋ -i のパターン**：接尾辞 -i は，場所や方向などを指す前置詞の役割を持ち，自動詞＋前置詞（di，ke，pada，dengan など）に書き換えることができます。

Para anggota panitia telah memasuki ruang rapat.
委員会のメンバーたちは会議室に入りました。
masuk ke　入る　　　memasuki　〜に入る
比較：Para anggota panitia telah masuk ke ruang rapat.

Dia ingin menemui dokter untuk membicarakan masalah pengobatan anaknya.
彼女は，彼女の子供の治療の問題について話すために，医者に会いたいです。
bertemu dengan　〜に会う　　　menemui　〜に会う
比較：Dia ingin bertemu dengan dokter untuk membicarakan masalah pengobatan anaknya.

● **me- ＋名詞＋ -i のパターン**：「〜（名詞）を与える」という意味や，また語根の名詞が役職や立場を表す名詞の場合，「〜（名詞の）役割になる，役目になる」という意味の派生語になります。

Ibu selalu menasihati saya supaya rajin belajar.
母は，いつも私によく勉強をするようアドバイスをします。
nasihat　アドバイス，忠告　　　menasihati　アドバイスする，忠告する
比較：Ibu selalu memberi nasihat kepada saya supaya rajin belajar.

Orang itu mengetuai rapat ini.　あの人は，この会議の議長になりました。
ketua　議長，長　　　mengetuai　議長になる
比較：Orang itu menjadi ketua rapat ini.

● **me- ＋他動詞＋ -i のパターン**：語根が他動詞の場合，派生語の意味に反復や徹底の意味がもたらされる場合があります。

Orang-orang melempari anjing itu dengan batu.　人々は，あの犬に何度も石を投げつけました。
melempar　投げる，放る　　　melempari　何度も投げつける
比較：Orang-orang melempar anjing itu dengan batu berulang kali.

Setiap malam pemilik toko itu menghitungi omzet.
毎晩その店のオーナーは，念入りに売り上げを数えます。
menghitung　数える　　　menghitungi　念入りに数える，数人で一緒に数える
比較：Setiap malam pemilik toko itu menghitung omzet dengan teliti.

Bab 8

Track 71-79

Peristiwa Sehari-hari
日々の出来事

1. **Terlambat Masuk Kuliah** 講義に遅刻する
2. **Ketinggalan SIM** 運転免許証をうっかり置き忘れる
3. **Berlibur di Luar Kota** 郊外で休暇を過ごす

1 ▶ Terlambat Masuk Kuliah …… 講義に遅刻する　Track 71

Tahap Pertama　彩子は講義に遅刻しました。まずは CD を聴いてみましょう。

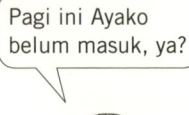

- Pagi ini Ayako belum masuk, ya?
- Ya, belum. Jangan-jangan dia sakit.
- Selamat pagi. Saya bangun kesiangan.
- Kami mengkhawatirkan bahwa kamu sakit sehingga tidak bisa masuk kuliah hari ini.

Ayako terlambat masuk kuliah.

- Begitu saya berangkat dari tempat kost, lalu lintas macet.
- Ada apa di jalan?
- Ada kecelakaan mobil.
- Pantas. Seandainya kamu hanya bangun kesiangan saja, tidak mungkin terlambat masuk.

Ayako menjelaskan peristiwa pagi ini kepada teman kuliahnya.

重要表現を覚えましょう。
キーフレーズ

◇ **Maaf, saya terlambat.**
　すみません，遅刻しました。

◇ **Saya bangun kesiangan.**
　私は寝坊しました。

● **Ada apa di jalan?**
　道で何があったのですか？

◇ **Begitu saya berangkat dari tempat kost, lalu lintas macet.**
　下宿から出発すると，交通が渋滞していました。

◇ **Ada kecelakaan mobil.**
　自動車事故がありました。

◇ **Saya kehujanan di tengah perjalanan.**
　私は道中雨に降られました。

Bab 8 — 1 — Track 71

- Begitu saya melewati daerah macet, hujan turun.
- Kasihan, sekarang kamu kehujanan lagi.
- Ya, lihat saya! Basah kuyup.
- Hati-hati Ayako. Jangan sampai masuk angin.

Selanjutnya Ayako menceritakan peristiwa yang dialaminya pagi ini.

- Kenapa Ayako terlambat hari ini?
- Karena pertama, saya bangun kesiangan. Kedua, jalanan macet karena kecelakaan mobil, dan ketiga saya kehujanan di tengah perjalanan.
- Wah, rupanya Ayako tertimpa banyak peristiwa buruk. Tapi yang penting adalah Ayako sehat dan aman.
- Ya, terima kasih.

Ayako menjelaskan kepada dosen apa sebabnya dia terlambat masuk pagi ini.

Peristiwa Sehari-hari 日々の出来事

1. Terlambat Masuk Kuliah

Track 72

Tahap Kedua 今度は彩子になって、朝の出来事を話してみましょう。

> Pagi ini Ayako belum masuk, ya?

> Ya, belum. Jangan-jangan dia sakit.

> Kami mengkhawatirkan bahwa kamu sakit sehingga tidak bisa masuk kuliah hari ini.

Ayako terlambat masuk kuliah.

> Ada apa di jalan?

> Pantas. Seandainya kamu hanya bangun kesiangan saja, tidak mungkin terlambat masuk.

Ayako menjelaskan peristiwa pagi ini kepada teman kuliahnya.

アクシデントを説明する際に役立つ表現を覚えましょう。

応用表現

Track 73

◇ Saya rugi karena kejadian itu.
私はその出来事のせいで損をしました。

◇ Tadi malam ada kebakaran di pasar.
昨晩、市場で火災がありました。

◇ Daerah itu kebanjiran.
あの地区は洪水に遭いました。

◇ Pejalan kaki menderita luka berat karena kejatuhan ranting pohon.
歩行者が木の枝が落下したのに当たって、重症を負いました。

◇ Pesawat televisi rusak karena kebocoran.
水漏れでテレビが壊れました。

Bab 8 — 1 — Track 72

Kasihan, sekarang kamu kehujanan lagi.

Hati-hati Ayako. Jangan sampai masuk angin.

Selanjutnya Ayako menceritakan peristiwa yang dialaminya pagi ini.

Kenapa Ayako terlambat hari ini?

Wah, rupanya Ayako tertimpa banyak peristiwa buruk. Tapi yang penting adalah Ayako sehat dan aman.

Ayako menjelaskan kepada dosen apa sebabnya dia terlambat masuk pagi ini.

Peristiwa Sehari-hari 日々の出来事

1 講義に遅刻する

(イラスト1)　彩子は講義に遅刻しました。
アンナ　　　：　今朝，彩子はまだ来ていないね。
デイビッド　：　そう，まだだね。彼女は病気でなければいいけど。

(イラスト2)　彩子　　　　：　おはよう。朝寝坊してしまった。
デイビッド　：　ぼくたちは，君が病気になって今日講義に来れないのかと心配してたよ。

(イラスト3)　彩子は講義仲間に今朝の出来事を説明します。
彩子　　　　：　下宿から出ると交通が渋滞してたの。
デイビッド　：　道で何があったの？

(イラスト4)　彩子　　　　：　自動車事故があったわ。
デイビッド　：　どうりで。仮に朝寝坊だけならば，遅刻するなんてあり得ないでしょう。

(イラスト5)　彩子は今朝経験した出来事を話し続けます。
彩子　　　　：　渋滞している地域を通りすぎると，雨が降ってきたの。
デイビッド　：　かわいそうに，今度は雨に降られたのか。

(イラスト6)　彩子　　　　：　うん，見て！　びしょ濡れよ。
デイビッド　：　気をつけて，彩子。風邪をひかないように。

(イラスト7)　彩子は講師に今朝遅刻した理由を説明します。
講師　：　今日はどうして遅刻しましたか？
彩子　：　まず初めに，寝坊しました。2つ目は，自動車事故のため道が渋滞して，3つ目は，道中で雨に降られました。

(イラスト8)　講師　：　あ〜，彩子はたくさんの悪い出来事に見舞われたようですね。でも大事なのは，彩子が健康で安全であることです。
彩子　：　はい，ありがとうございます。

おもしろ発見＠雨の日の道路

　日本でもゲリラ豪雨と言われる大雨が降ることがありますが，インドネシアで雨期に降る雨は，ゲリラ豪雨より激しい雨です。当然，傘をさして外を歩くということは無謀なことですので，スコールが始まると，歩行者は近くのビルやモールなどに一時避難をして，雨が小降りになるのを待ちます。雨があまりにも強く降り続けると，大量の雨水が低い方へ流れ込み，その地域が大洪水に見舞われることも珍しくありません。運悪く洪水を引き起こしている道路を走行中の車は，当然車自体が浸水し，後々まで不具合を引きずることになります。雨は雨でも弱い雨が降っている時に，おもしろいサービスが現れます。傘貸し少年です。歩行者に傘を貸してくれるのです。その少年は，雨に濡れながら傘を貸した人の後をついてきます。お小遣い稼ぎとはいえ，ちょっと気の毒な気がします。

ボキャブラリー

bangun kesiangan	寝坊する	kebocoran	雨漏り，漏水
kemacetan	渋滞	peristiwa	出来事，事件
kecelakaan	事故	lalu lintas	交通
kehujanan	雨に降られる	tertimpa	見舞われる
kejadian	出来事，（出来事などが）起こる	sehat	健康な
kebakaran	火災	aman	安全な
kebanjiran	洪水	musibah	災害，惨事
kejatuhan	（落下物に）当たる，落下	menderita	苦しむ，病む

2 Ketinggalan SIM …… 運転免許証をうっかり置き忘れる　Track 74

Tahap Pertama　彩子はバイクに乗ってキャンパスに行きます。まずは CD を聴いてみましょう。

> Stop! Ibu perlihatkan SIM!

> Ya, tunggu sebentar, Pak.

> Mana SIM-nya?

> Biasanya, saya menyimpannya di saku dompet ini. Kok tidak ada?

Ayako bermotor ke kampus.

> Ibu bersalah karena sudah bermotor tanpa SIM.

> Ya, saya mengerti. O, saya ingat. SIM saya ketinggalan di atas meja tulis di rumah.

> Kami tidak menerima alasan apa pun. Karena Ibu harus membawa SIM jika mengendarai motor. Ini kewajiban.

Ayako tidak dapat menemukan SIM-nya.

🔑 重要表現を覚えましょう。
キーフレーズ

- **Ibu perlihatkan SIM!**
  運転免許を見せなさい。
- ◇ **Tunggu sebentar.**
  少々お待ちください。
- ◇ **Kok tidak ada?**
  あれ，何でないの？
- **SIM saya ketinggalan di atas meja tulis di rumah.**
  私の運転免許証を家の机の上に置き忘れました。
- **Kami tidak menerima alasan apa pun.**
  我々はいかなる理由も受け付けません。
- **Ini kewajiban.**
  これは義務です。

Bab 8 • 2 Track 74

"Silakan isi formulir ini. Mana KITAS-nya?"

"Ah! KITAS juga ketinggalan di rumah."

"Apa Ibu memahami kewajiban sebagai warga negara asing?"

"Minta maaf, Pak."

Ayako dibawa ke kantor polisi.

"Rupanya Ibu tidak sengaja membuat kesalahan."

"Ya, saya tidak sengaja, Pak."

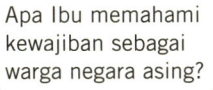

"Hari ini saya mengampuni kelalaian Ibu dengan memberi peringatan saja. Lain kali harus hati-hati."

"Ya, saya janji, Pak."

Ayako dinasihati seorang polisi.

◇ KITAS juga ketinggalan di rumah.
身分証明証も家に置き忘れました。

◇ Saya tidak sengaja.
わざとではありません。

◇ Hari ini saya mengampuni kelalaian Ibu.
今日は、私はあなたの不注意をゆるします。

Peristiwa Sehari-hari 日々の出来事

2　Ketinggalan SIM　　　Track 75

Tahap Kedua　今度は彩子になって，交通取り締まりの状況を話してみましょう。

> Stop! Ibu perlihatkan SIM!

> Mana SIM-nya?

Ayako bermotor ke kampus.

> Ibu bersalah karena sudah bermotor tanpa SIM.

> Kami tidak menerima alasan apa pun. Karena Ibu harus membawa SIM jika mengendarai motor. Ini kewajiban.

Ayako tidak dapat menemukan SIM-nya.

アクシデントにあった際に役立つ表現を覚えましょう。

応用表現

Track 76

◇ Rumah saya kemasukan pencuri tadi malam.
夕べ私は泥棒に入られました。

◇ Teman saya kecopetan dompet di pasar malam.
友人がナイトマーケットで財布をすられました。

◇ Saya berkewajiban untuk melapor ke imigrasi karena kehilangan KITAS.
私は身分証明証をなくしたので，入国管理局に届け出る義務があります。

Bab 8 — 2 — Track 75

— Silakan isi formulir ini. Mana KITAS-nya?

— Apa Ibu memahami kewajiban sebagai warga negara asing?

Ayako dibawa ke kantor polisi.

— Rupanya Ibu tidak sengaja membuat kesalahan.

— Hari ini saya mengampuni kelalaian Ibu dengan memberi peringatan saja. Lain kali harus hati-hati.

Ayako dinasihati seorang polisi.

◇ Saya harus pergi ke konsulat karena kerusakan paspor saya.
私のパスポートが破損してしまったので，領事館へ行かなければなりません。

Peristiwa Sehari-hari 日々の出来事

2 運転免許証をうっかり置き忘れる

(イラスト1) 彩子はバイクに乗ってキャンパスへ行きます。
警察官 ： 止まって！ 運転免許証を見せて。
彩子　 ： はい，ちょっと待ってください。

(イラスト2) 警察官 ： 運転免許証はどこ？
彩子　 ： 普段はこの財布のポケットにしまっているのですが。あれ，何でないの？

(イラスト3) 彩子は運転免許証を見つけることができません。
警察官 ： あなたは，運転免許証なしでバイクに乗っているので，過ちを犯しています。
彩子　 ： はい，わかっています。あ，思い出しました。運転免許証を家の机の上に置き忘れました。

(イラスト4) 警察官 ： 我々はいかなる理由も受け付けません。なぜならば，あなたはバイクを運転する時は，運転免許証を携帯しなければなりません。これは義務です。

(イラスト5) 彩子は警察署に連れて行かれます。
警察官 ： このフォームに記入してください。身分証明証はどこ？
彩子　 ： あ！ 身分証明証も家に置き忘れました。

(イラスト6) 警察官 ： あなたは外国人としての義務を理解していますか？
彩子　 ： すみません。

(イラスト7) 彩子は警察官に忠告されます。
警察官 ： あなたは，わざと間違いを犯したわけではなさそうですね。
彩子　 ： はい。わざとではありません。

(イラスト8) 警察官 ： 今日は，警告を与えるだけで，あなたの不注意をゆるします。次回は気をつけるべきですよ。
彩子　 ： はい，約束します。

おもしろ発見＠警察官

　インドネシアの大通りや大きな交差点，学校の前の通りなどでよく警察官を見かけます。交通ルール違反の取り締まりや，渋滞緩和のために交通整理をするなど，炎天下の任務はさぞ大変なことでしょう。横断歩道があっても，自動車やバイクが優先と言わんばかりの道路事情のバリ島では，警察官の交通整理は歩行者にとって，とてもありがたいものです。警察官はパトカーやバイクで現場へ向かいますが，最近，ある地方では，市民とのより近い距離での任務遂行を目指し，自転車で警邏（けいら）にあたる警察官も現れたようです。

　ところで，インドネシアでは事故や怪我，病気などで救急車を呼ぶ場合，必ずしも無料とは限りません。公的機関が所有する救急車と，病院独自で所有する救急車があります。後者の場合，患者輸送の距離の他に，救急車だけを出動させるのか，医師や看護師などの医療スタッフも同行させるのかなど，カテゴリーごとに使用料が定められています。バリ島南部に滞在中，さまざまな職業，立場の地元民に無作為にインタビューしたところ，救急車を利用したことがあると答えた人は一人。多くの人は，「今まで救急車を呼んだことはないけど，もし誰かを病院に運ぶ必要がある場合は，自分の車で病院に運ぶか，近所，知人の車を頼む。あるいはタクシーなどで運ぶのが一般的な気がする。救急車は料金が高いから…」と答えました。患者輸送サービスは，日本のように庶民にはあまり浸透していないサービスのようです。

ボキャブラリー

ketinggalan　うっかり置き忘れる	kecurian　盗られる
kewajiban　義務	mengerti　理解する
kelalaian　不注意，怠慢	memahami　理解する
kemasukan　〜に入られる	melapor　届けを出す
kecopetan　スリに遭う	memberi peringatan　警告を与える
kehilangan　失う，紛失	tidak sengaja　わざとではなく，故意にではなく
kerusakan　破損，故障	

Peristiwa Sehari-hari　日々の出来事

3 Berlibur di Luar Kota …… 郊外で休暇を過ごす   Track 77

Tahap Pertama 彩子は郊外で休暇を過ごすことにしました。まずは CD を聴いてみましょう。

> Apa acara Ayako selama liburan ini?

> Saya berlibur di sebuah villa di luar kota.

> Berlibur sendiri?

> Ya, sambil menghirup udara yang segar saya ingin mencari ketenangan.

Ayako berangkat ke luar kota.

> Memang hidup di kota besar serba praktis, tetapi kenyamanan dan kebersihan sangat kurang.

> Di luar kota, kita bisa menikmati keindahan alam sehingga bisa menyegarkan pikiran.

> Betul sekali.

David mengobrol dengan Ayako.

🔑 重要表現を覚えましょう。
キーフレーズ

- **Apa acara Ayako selama liburan ini?**
  この休暇中の彩子の予定は何ですか？

◇ Saya berlibur di sebuah villa di luar kota.
  私は郊外のヴィラで休暇を過ごします。

◇ Sambil menghirup udara yang segar saya ingin mencari ketenangan.
  新鮮な空気を吸いながら，静けさを求めたいのです。

◇ Kita bisa menikmati keindahan alam sehingga bisa menyegarkan pikiran.
  私たちは自然の美しさを満喫でき，思考もリフレッシュできます。

Bab 8 ③ Track 77

David tidak ada rencana ke mana-mana selama liburan ini?

Saya berselancar dan menyelam.

Bagus! Bagus!

Saya mau melihat kecantikan ikan tropis dan dunia laut.

Ayako bertanya kepada David.

Sopir sudah datang. Sekarang saya berangkat.

Baik, Ayako. Selamat berlibur.

Terima kasih, David. Semoga liburan ini dapat menyegarkan otak dan memberi kesehatan yang berlimpah.

Sampai jumpa di kampus.

Ayako berpamitan dengan David.

- **Betul sekali.**
  まったくその通りです。

- ◇ **David tidak ada rencana ke mana-mana selama liburan ini?**
  デイビッドはこの休暇中、どこへも行く予定がないのですか？

- ◇ **Saya mau melihat kecantikan ikan tropis dan dunia laut.**
  私は熱帯魚の美しさと海の世界を見たいです。

- **Selamat berlibur.**
  よい休暇を過ごしてください。

- **Sampai jumpa di kampus.**
  またキャンパスで会うまで。

Peristiwa Sehari-hari 日々の出来事

3 Berlibur di Luar Kota

Track 78

Tahap Kedua 今度は彩子になって、休暇の過ごし方を話してみましょう。

> Apa acara Ayako selama liburan ini?

> Berlibur sendiri?

Ayako berangkat ke luar kota.

> Memang hidup di kota besar serba praktis, tetapi kenyamanan dan kebersihan sangat kurang.

> Betul sekali.

David mengobrol dengan Ayako.

予定を話す際に役立つ表現を覚えましょう。
応用表現

Track 79

◇ Rencana berangkat ke Jakarta besok.
ジャカルタへ出発する予定は明日です。

◆ Ada acara apa pada akhir pekan ini?
今週末は何か予定がありますか？

◇ Saya tidak pergi ke mana-mana.
私はどこへも出かけません。

◇ Hari Sabtu yang akan datang kita harus masuk kerja.
今度の土曜日、私たちは勤務しなければなりません。

◇ Besok kita berekreasi di Kintamani.
明日私たちはキンタマニでレクリエーションをします。

Bab 8 3 Track 78

Saya berselancar dan menyelam.

Saya mau melihat kecantikan ikan tropis dan dunia laut.

Ayako bertanya kepada David.

Baik, Ayako. Selamat berlibur.

Sampai jumpa di kampus.

Ayako berpamitan dengan David.

Peristiwa Sehari-hari 日々の出来事

3　郊外で休暇を過ごす

(イラスト1)　彩子は郊外へ出かけます。
デイビッド　：　この休暇中の彩子の予定は何？
彩子　　　　：　私は郊外のヴィラで休暇を過ごすの。

(イラスト2)　デイビッド　：　1人で休暇を過ごすの？
彩子　　　　：　うん，新鮮な空気を吸いながら，静けさを求めたいの。

(イラスト3)　デイビッドは彩子とおしゃべりをします。
デイビッド　：　もちろん都会での生活は何でも便利だけど，快適さと清潔さには，とても欠けているよね。
彩子　　　　：　郊外では，自然の美しさを満喫でき，思考もリフレッシュできるよね。

(イラスト4)　デイビッド　：　まったくその通り。

(イラスト5)　彩子はデイビッドに質問します。
彩子　　　　：　デイビッドはこの休暇中，どこへも行く予定がないの？
デイビッド　：　サーフィンをしたり，ダイビングをするよ。

(イラスト6)　彩子　　　　：　いいね，いいね。
デイビッド　：　熱帯魚の美しさと海の世界を見たいな。

(イラスト7)　彩子はデイビッドに出かける挨拶をします。
彩子　　　　：　運転手が来た。これから出発するわ。
デイビッド　：　うん，彩子。よい休暇を過ごしてね。

(イラスト8)　彩子　　　　：　ありがとう，デイビッド。この休暇が私たちの頭をフレッシュにして，豊かな健康を与えてくれますように。
デイビッド　：　キャンパスで会うまで。

おもしろ発見＠保養地

　インドネシアでも国民一斉休暇取得日や，年末年始休暇などの時期には，都市部の喧噪を離れ，高原地帯などの保養地へ出かける人たちが増えました。熱帯とはいえ，少し標高が高いところへ行けば，熱帯とは思えないほどの涼しさで，都市部の息苦しさから解放され，心身ともにリフレッシュできます。高原地帯では朝夕寒いと感じるくらいですので，衣服で暑さ，寒さを調節できるようにして出かけたいものです。

ボキャブラリー

berangkat　出発する，出かける	menikmati　〜を満喫する，〜を楽しむ
berlibur　休暇を過ごす	keindahan　美しさ
menghirup　吸う	kecantikan　美しさ
villa　ヴィラ	berselancar　サーフィンをする
ketenangan　平静さ，落ち着き	menyelam　ダイビングをする
kenyamanan　快適さ	kesehatan　健康
kebersihan　清潔さ，衛生	

Tata Bahasa

❶ ke-an 動詞

● 語根に接頭辞 ke- と接尾辞 -an を付けて，被害をこうむる意味の派生語を作ることができます。語根の品詞は，自動詞，他動詞，名詞，形容詞です。

Teman saya <u>kehilangan</u> pekerjaan.　私の友人は職を失いました。
hilang　なくなる，見つからなくなる，行方不明になる　　　kehilangan　失う

Dia <u>kecurian</u> sepeda motor.　彼はバイクを盗まれました。
mencuri　盗む　　　kecurian　盗まれる

Saya <u>kehujanan</u> di tengah jalan ketika berjalan ke kampus.
私はキャンパスへ行く途中の道で雨に降られました。
hujan　雨　　　kehujanan　雨に降られる

● 語根に接頭辞 ke- と接尾辞 -an が付けられることにより，可能の意味がもたらされるものがあります。この動詞は，dapat di- 語根，ter- 語根に書き換えることができます。

Suara anak-anak itu <u>kedengaran</u> walaupun mereka bermain di taman yang cukup jauh.
かなり遠くの公園で遊んでいるとはいえ，あの子供たちの声は聞こえます。
dengar　聞く　　　kedengaran　聞こえる

Penyanyi di atas panggung dari sini juga <u>kelihatan</u>.
ステージの上の歌手は，ここからも見えます。
lihat　見る　　　kelihatan　見える

❷ 動詞以外の派生語を作る接頭辞 ke- と接尾辞 -an

接頭辞 ke- と接尾辞 -an で，名詞や形容詞が作られるものもあります。

● ke-an 名詞

語根に接頭辞 ke- と接尾辞 -an を付けて名詞を作ることができます。語根の品詞は，動詞，名詞，形容詞です。

<u>Kenaikan</u> harga barang akhir-akhir ini luar biasa.　最近の物価上昇は異常です。
naik　乗る，登る，上がる　　　kenaikan　上昇

Gedung <u>kedutaan</u> besar Republik Indonesia di Tokyo cukup besar.
東京のインドネシア共和国大使館の建物は，かなり大きいです。
duta　公使　　　kedutaan　公使館

Para wisatawan asing menikmati <u>keindahan</u> alam pulau Bali.
外国人観光客たちは，バリ島の自然の美しさを満喫しています。
indah　美しい　　　keindahan　美しさ

● ke-an 形容詞

Tindakan pemimpin itu tidak diterima oleh masyarakat dilihat dari segi <u>kemanusiaan</u>.
その指導者の措置は，人間性の視点から社会に受け入れられませんでした。
manusia　人間　　　kemanusiaan　人間性

Saya senang memakai baju yang berwarna <u>kemerah-merahan</u>.
私は赤みがかった色をした服を着るのが好きです。
merah　赤い　　　kemerah-merahan　赤みがかった
＊色を表す単語を2回繰り返して ke-an ではさむと，「〜色みがかった」という意味になります。

❸ 他動詞を作る接頭辞 memper-，接頭辞 memper- と接尾辞 -kan, または -i

接頭辞 memper-，接頭辞 memper- と接尾辞 -kan, または -i を付けることにより，他動詞を作ることができます。語根の品詞は，形容詞，名詞，自動詞，他動詞です。

Saya harus <u>memperpanjang</u> VISA di kantor imigrasi.
私は，入国管理局でビザの延長をしなければなりません。
panjang　長い　　　memperpanjang　延長する

Dia <u>memperistri</u> seorang wanita Amerika.　彼はアメリカ人女性を妻にしました。
istri　妻　　　memperistri　妻とする

Saya <u>mempertahankan</u> warga negara Indonesia walaupun sudah lama tinggal di luar negeri.
もう長い間外国に住んでいるとはいえ，私はインドネシア国籍を維持します。
tahan　耐える，保つ　　　mempertahankan　維持する，守る，防衛する

Joko <u>memperkenalkan</u> orang tuanya.　ジョコは彼の両親を紹介しました。
kenal　知っている　　　memperkenalkan　紹介する

Dia selalu <u>mempersoalkan</u> hal-hal kecil.　彼はいつも小さな事柄を問題にします。
soal　問題　　　mempersoalkan　問題にする

Kakak laki-laki saya <u>memperbaiki</u> mobil yang rusak.　私の兄は壊れた車を修理します。
baik　良い　　　memperbaiki　修理する，修繕する

❹ 名詞を作る接尾辞 -an

動詞，形容詞，畳語，時に関する名詞に接尾辞 -an を付け，名詞を作ることができます。

● 動詞＋-an

<u>Minuman</u> itu sangat disukai orang Indonesia.
その飲み物は，インドネシア人にとても好まれます。
minum　飲む　　　minuman　飲み物

Saya tidak dapat makan <u>masakan</u> yang pedas.　私は辛い料理を食べられません。
masak　料理する　　　masakan　料理

● 形容詞＋-an

Saya membeli <u>manisan</u> mangga.　私はマンゴーの甘漬けを買いました。
manis　甘い　　　manisan　甘いもの，甘漬け

● 畳語＋ -an
Dia tidak suka <u>sayur-sayuran</u>.　彼女は野菜類が嫌いです。
sayur　野菜　　　sayur-sayuran　野菜類

● 時に関する名詞＋ -an
Kami membaca majalah <u>mingguan</u>.　私たちは週刊誌を読みます。
minggu　週　　　mingguan　週単位

❺ 名詞を作る接頭辞 pe-

　動詞や形容詞に接頭辞 pe- を付け，名詞を作ることができます。

● pe- ＋自動詞

　ber- 動詞の語根に接頭辞 pe- を付けることにより，元々の動詞の動作をする人を表す名詞が作られます。

berjalan kaki （歩く）　→　pejalan kaki （歩行者）
bermain （遊ぶ）　　　→　pemain （選手，演奏者）
bekerja （働く）　　　→　pekerja （労働者）
belajar （勉強する）　→　pelajar （学習者）

● pe- ＋他動詞

　me- 動詞の語根に接頭辞 pe- を付けることにより，元々の動詞の動作をする人を表す名詞や動作をする道具，手段を表す名詞が作られます。この場合，接頭辞 pe- は接頭辞 me- が付ける語根の先頭文字により形が変わるのと同じ条件で形を変えます。

merawat （看護する，手当する）　→　perawat （看護師）
mendengar （聞く）　　　　　　→　pendengar （聞き手，聴衆）
mengajar （教える）　　　　　　→　pengajar （教師）
menutup （閉める）　　　　　　→　penutup （蓋）

● pe- ＋形容詞

　形容詞に接頭辞 pe- を付けることにより，形容詞の状態をしている人，形容詞の性質を持つ人，形容詞の状態にするための道具名や物を表す名詞が作られます。形容詞に接頭辞 pe- を付ける場合も，接頭辞 me- が付ける語根の先頭文字により形が変わるのと同じ条件で形を変えます。

muda （若い）　　→　pemuda （若者）
marah （怒る）　　→　pemarah （怒りんぼう）
panas （暑い，熱い）　→　pemanas （ヒーター）

❻ 抽象名詞を作る接頭辞 per- と接尾辞 -an

　自動詞（ber- 動詞）や名詞に接頭辞 per- と接尾辞 -an を付け，抽象名詞を作ることができます。語根が名詞の場合，語根の意味に基づいて，派生語は集合，分野，業界を表す名詞になります。

Perbuatan siswa itu tidak menyenangkan hati teman sekelasnya.
その生徒の行為は、クラスメイトを不愉快にしました。
berbuat　する　　　perbuatan　行為

Pertemuan besok pagi sangat penting bagi kami.
明日の朝の会合は、我々にとって非常に重要です。
bertemu　会う　　　pertemuan　会合

Pertokoan di daerah Shibuya selalu ramai.　渋谷の商店街はいつもにぎやかです。
toko　店　　　pertokoan　商店街

❼ 抽象名詞を作る接頭辞 pe- と接尾辞 -an

　他動詞（me- 動詞）や形容詞、名詞に接頭辞 pe- と接尾辞 -an を付け、抽象名詞を作ることができます。語根が名詞の場合、語根の意味に基づいて、派生語は集合を表す名詞になります。接頭辞 pe- は、接尾辞 me- と同じ条件で形を変えます。

Karena resesi, pembayaran gaji perusahaan itu mulai tidak lancar.
不景気ゆえに、あの企業の給与支払いが滞り始めました。
membayar　支払う　　　pembayaran　支払い

Para siswa SD melakukan aktifitas pembersihan di daerah ini.
小学生たちは、この地域で清掃活動を行います。
bersih　清潔な、きれいな　　　pembersihan　清掃

Mereka menghuni pegunungan.　彼らは山岳地帯に住んでいます。
gunung　山　　　pegunungan　山岳地帯、山地

＊pe-an 名詞は、基本的には多くのものは、語根の意味から類推しうる範囲で抽象名詞が作られますが、中には語根の動詞の意味が変化するものもあります。
　　membawa: 運ぶ　　pembawaan: 性格
　　mendapat: 得る　　pendapatan: 所得
　　mendengar: 聞く　　pendengaran: 聴覚
　　などがその例です。

イラスト辞書

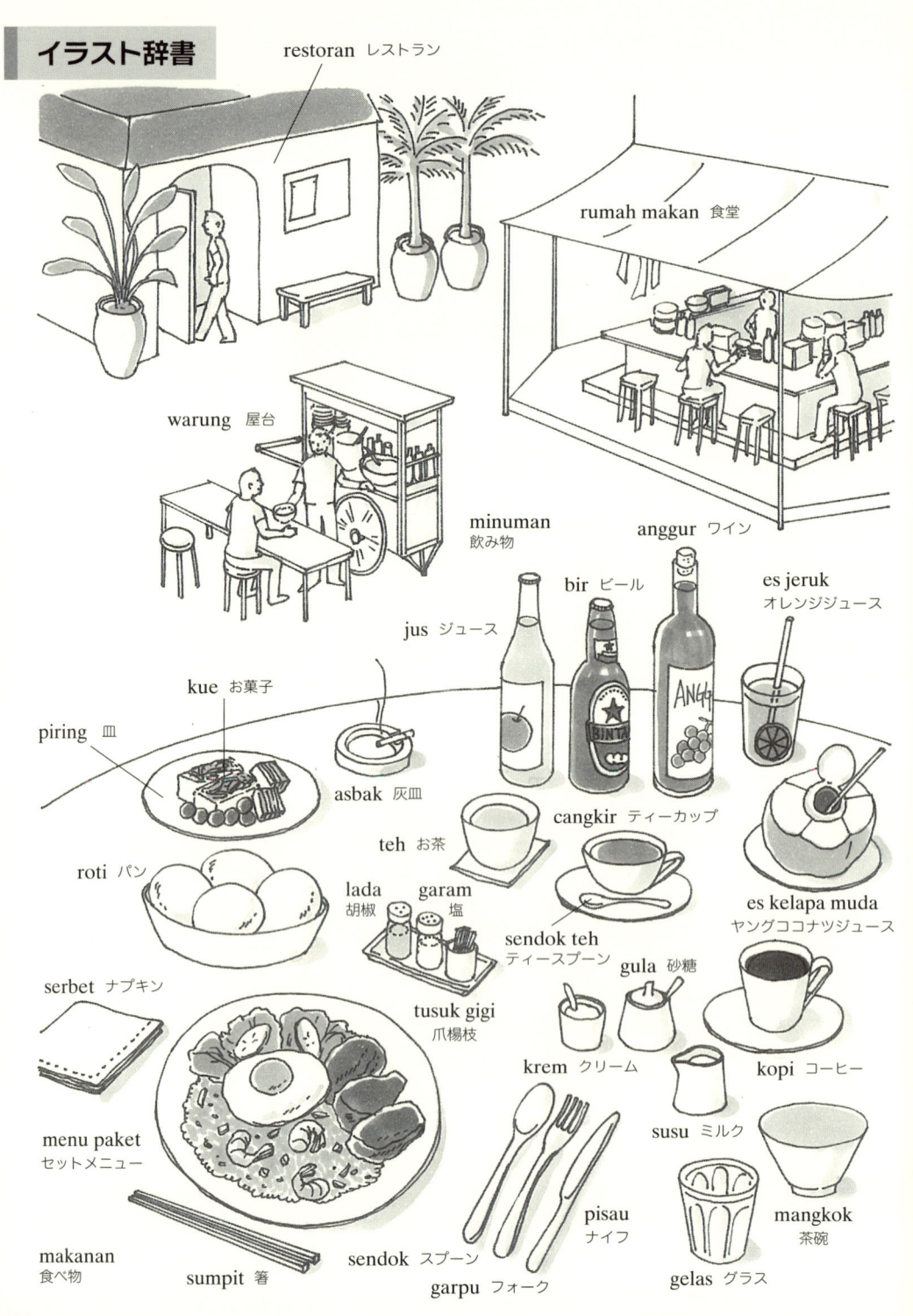

- restoran レストラン
- rumah makan 食堂
- warung 屋台
- minuman 飲み物
- anggur ワイン
- bir ビール
- es jeruk オレンジジュース
- jus ジュース
- kue お菓子
- piring 皿
- asbak 灰皿
- cangkir ティーカップ
- teh お茶
- es kelapa muda ヤングココナツジュース
- roti パン
- lada 胡椒
- garam 塩
- sendok teh ティースプーン
- gula 砂糖
- serbet ナプキン
- tusuk gigi 爪楊枝
- krem クリーム
- kopi コーヒー
- susu ミルク
- menu paket セットメニュー
- makanan 食べ物
- sumpit 箸
- sendok スプーン
- garpu フォーク
- pisau ナイフ
- gelas グラス
- mangkok 茶碗

menu メニュー

sup スープ

- **soto ayam** チキンスープ
- **sop buntut** オックステールスープ

- **ayam goreng** フライドチキン
- **ayam panggang** グリルドチキン
- **gulai ayam** チキンのカレー風味煮

- **opor ayam** チキンのココナツミルク煮
- **gado-gado** ガドガド（温野菜サラダ）
- **tumis sayur hijau** 青菜の炒めもの

- **tumis kangkung** 空芯菜の炒め物
- **capcai** 八宝菜
- **tempei goreng** 揚げテンペ

- **tahu goreng** 厚揚げ
- **tahu isi** 肉詰め豆腐
- **ikan goreng** 揚げ魚

- **ikan bakar** 焼き魚
- **sate ayam** 焼き鳥
- **sate kambing** 山羊肉の串焼き

- **sambal** サンバル（辛み調味料）
- **nasi putih** ご飯

付録

季節

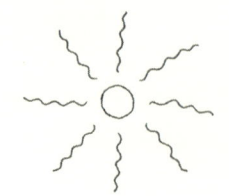

musim kemarau 乾季

musim hujan 雨季

musim semi 春

musim panas 夏

musim gugur / musim rontok 秋

musim dingin / musim salju 冬

気象

musim semi 晴れ　　mendung 曇り　　angin 風　　hujan 雨
hujan lebat / hujan deras 豪雨　　hujan rintik-rintik 小雨　　gerimis 小雨
hujan salju みぞれ　　hujan es 雹　　petir / guruh 雷・雷鳴　　kilat 稲妻
gelombang 波　　gelombang tinggi 高潮　　gelombang tsunami 津波
suhu udara 気温　　derajat celsius 摂氏〜度　　kelembaban 湿度
persen パーセント　　matahari 太陽　　bulan 月　　bintang 星
awan 雲　　kabut 霧

曜日

hari Minggu　　hari Senin　　hari Selasa　　hari Rabu

hari Kamis　　hari Jumat　　hari Sabtu

月名

bulan Januari　　bulan Februari　　bulan Maret

bulan April　　bulan Mei　　bulan Juni

bulan Juli　　bulan Agustus　　bulan September

bulan Oktober　　bulan November　　bulan Desember

日付

tanggal（日）➡ bulan（月）➡ tahun（年）の順番に言います。
tanggal 1 bulan April tahun 2012　2012年4月1日

日数，時間数	数字＋hari	tiga hari	3日間
	数字＋minggu	tiga minggu	3週間
	数字＋bulan	tiga bulan	3カ月間
	数字＋tahun	tiga tahun	3年間
	数字＋detik	lima detik	5秒間
	数字＋menit	lima menit	5分間
	数字＋jam	lima jam	5時間

身体

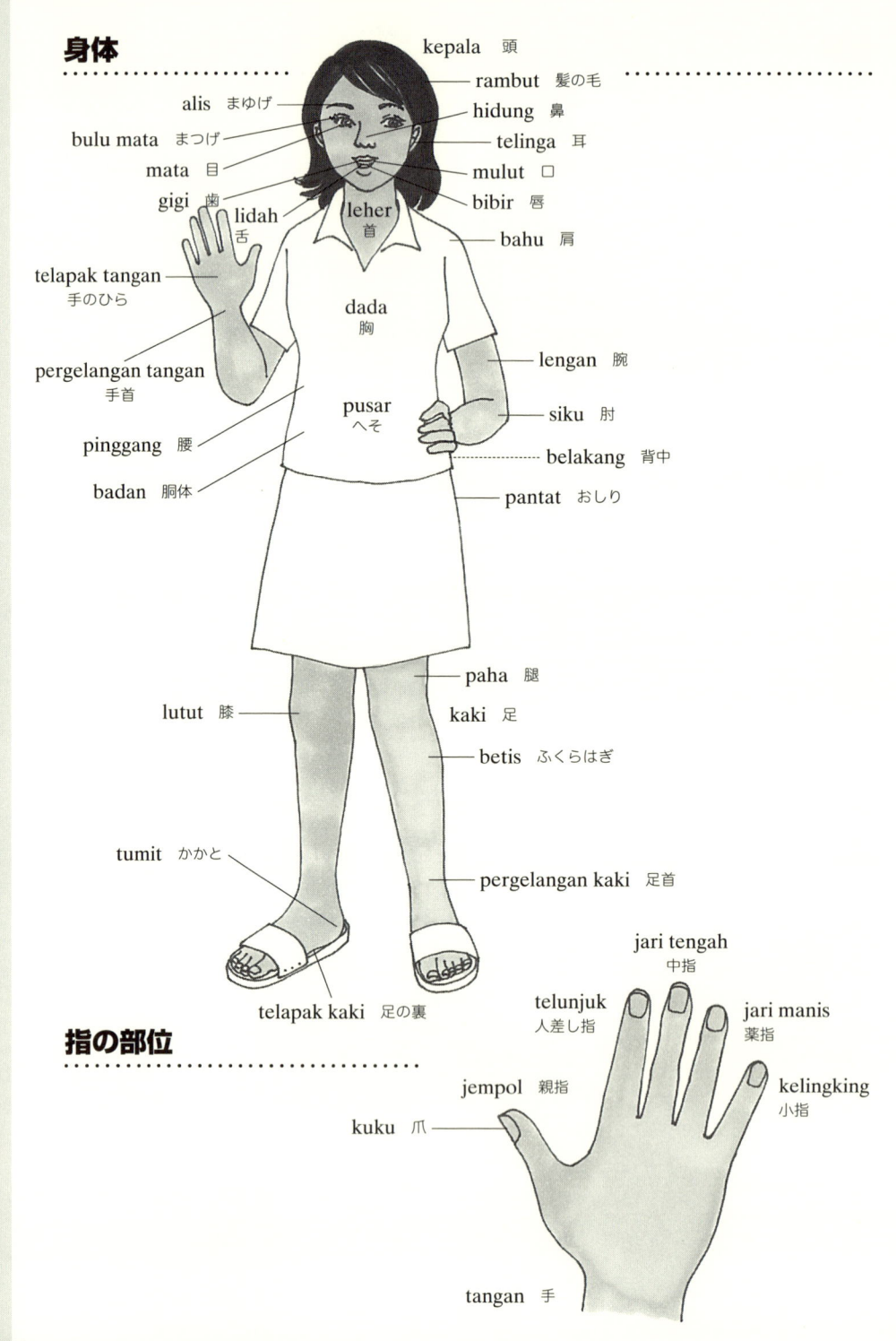

- kepala 頭
- rambut 髪の毛
- alis まゆげ
- hidung 鼻
- bulu mata まつげ
- telinga 耳
- mata 目
- mulut 口
- gigi 歯
- bibir 唇
- lidah 舌
- leher 首
- bahu 肩
- telapak tangan 手のひら
- dada 胸
- lengan 腕
- pergelangan tangan 手首
- siku 肘
- pinggang 腰
- pusar へそ
- belakang 背中
- badan 胴体
- pantat おしり
- paha 腿
- lutut 膝
- kaki 足
- betis ふくらはぎ
- tumit かかと
- pergelangan kaki 足首
- telapak kaki 足の裏

指の部位

- jari tengah 中指
- telunjuk 人差し指
- jari manis 薬指
- jempol 親指
- kelingking 小指
- kuku 爪
- tangan 手

医療

rumah sakit　病院	sakit kepala　頭痛
kelinik　クリニック	sakit gigi　歯痛
dokter　医師	demam　熱
dokter bagian penyakit dalam　内科医	flu　感冒
dokter bagian bedah　外科医	sakit perut　腹痛
dokter mata　眼科医	diare　下痢
dokter gigi　歯科医	muntah　嘔吐
dokter kandungan　産婦人科医	mual　吐き気
dokter THT　耳鼻科医	demam berdarah　デング熱
pasien　患者	malaria　マラリア
perawat　看護師	keracunan makanan　食中毒
ruang tunggu　待合室	keracunan　中毒
ruang periksa　診察室	luka bakar　やけど
laboratorium　検査室	luka gigitan　咬み傷
ruang operasi　手術室	patah tulang　骨折
ronsen　レントゲン	keseleo　捻挫
suntik　注射	luka　怪我
infus　点滴	memar　打撲傷
transfusi darah　輸血	kram　痺れ，痙攣
apotek　薬局	menggigil　震える
apoteker　薬剤師	pingsan　気を失う
obat　薬	tidak sadarkan diri　意識不明
resep　処方箋	influensa　インフルエンザ
obat luar　外用薬	batuk　咳
salep　軟膏	anemia　貧血
obat kumur　うがい薬	hepatitis　肝炎
obat vitamin　ビタミン剤	alergi　アレルギー
tablet　錠剤	kanker　癌
puyer　粉薬	tekanan darah　血圧
antibiotik　抗生物質	golongan darah　血液型
antihistamin　抗ヒスタミン剤	air besar　便
antiseptik　消毒剤	air kecil　尿
antidiare　下痢止め	
antibakteri　抗菌	

著者
ホラス由美子（HORAS　ゆみこ）
東京学芸大学大学院修了。現在、東京農業大学等の非常勤講師。アジア語教室のadiluhungでeラーニングレッスンに取り組む。第一東京弁護士会当番弁護士通訳、NHKバイリンガルセンターにて翻訳・通訳。また，インドネシアの山村地域の中高生を対象とした"BEASISWA PELANGI"（虹の奨学金）を主宰。株式会社adiluhung代表取締役。

主な著書
『アジアの食文化』（建帛社＜分担執筆＞）
『インドネシア語レッスン　初級１，２』（スリーエーネットワーク）
『らくらく旅のインドネシア語』（三修社）
『ゼロから始めるインドネシア語』（三修社）
『ゼロから話せるインドネシア語』（三修社）
『インドネシア語リスニング』（三修社）

CD付
インドネシア語スピーキング

2011年4月30日　第1刷発行
2018年2月20日　第5刷発行

著　者 ── ホラス由美子
発行者 ── 前田俊秀
発行所 ── 株式会社 三修社
　　　　　〒150-0001　東京都渋谷区神宮前2-2-22
　　　　　TEL　03-3405-4511
　　　　　FAX　03-3405-4522
　　　　　振替　00190-9-72758
　　　　　http://www.sanshusha.co.jp
　　　　　編集担当　菊池　暁
印刷所 ── 萩原印刷株式会社
製本所 ── 株式会社松岳社
CD製作 ── 株式会社メディアスタイリスト

©Yumiko HORAS　2011 Printed in Japan　ISBN978-4-384-05626-6 C1087

カバーデザイン ── 土橋公政
本文イラスト ── 木村　恵
本文組版 ── クゥール・エ

JCOPY 〈出版者著作権管理機構 委託出版物〉
本書の無断複製は著作権法上での例外を除き禁じられています。複製される場合は、そのつど事前に、出版者著作権管理機構（電話 03-3513-6969 FAX 03-3513-6979 e-mail: info@jcopy.or.jp）の許諾を得てください。